60分でわかる！
金利超入門

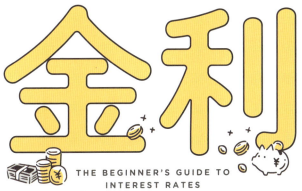

THE BEGINNER'S GUIDE TO
INTEREST RATES

［著］
バウンド
［監修］
中央大学准教授
近廣昌志

技術評論社

Contents

Part 1 超低金利時代の長いトンネルの出口が見えてきた！
理解しておきたい日本の金利の「今」 7

- 001 日本の金利水準の現状を把握しておこう 8
- 002 バブル崩壊前の日本の預金金利はこんなに高かった！ 10
- 003 日本と世界の主要国の政策金利を比較してみよう 12
- 004 長期にわたって続いた日本の低金利はかなり特異な状況 14
- 005 じつは日本はデフレではなく、「ディスインフレーション」だった！ 16
- 006 日本の低金利とデフレの原因は「経済成長の低さ」 18
- 007 日本は低金利時代から「金利のある時代」へ 20
- Column 古代メソポタミアからあった金利の話 22

Part 2 あらためて金利について考えてみよう！
金利の基本の「き」を理解する 23

- 008 そもそも「金利」とは何なのか 24
- 009 社会のあちこちにあるさまざまな「金利」 26
- 010 「利子」と「利息」の違いとは？ 28
- 011 「利率」と「利回り」の違いとは？ 30
- 012 金利は「年利」表示が一般的 32
- 013 利子（利息）は「元本×年利×時間」で決まる 34
- 014 「実質金利」と「名目金利」を理解しないと損をする 36
- Column 金利を規制したローマ帝国の今に続く教訓 38

Part 3

金利にはとてつもない力が秘められている

「単利」と「複利」
の違いを理解する ···· 39

015 当初の元本にのみ利子がつく「単利」 ···· 40

016 元本＋利子に利子がつく「複利」 ···· 42

017 「複利×時間」の絶大な力を理解する ···· 44

018 複利の力が簡単に実感できる「72の法則」 ···· 46

019 「将来価値」と「割引現在価値」の関係について考える ···· 48

Column 金利を批判した哲学者アリストテレス ···· 50

Part 4

金利の力を生かして「貯める」「借りる」「増やす」

日常生活で役に立つ
「金利」の基礎知識 ···· 51

020 銀行の預金金利の決まり方 ···· 52

021 定期預金を続けるならどっち？「元金自動継続」と「元利自動継続」 ···· 54

022 住宅ローン金利の決まり方 ···· 56

023 「固定金利型」住宅ローンのメリット・デメリット ···· 58

024 「変動金利型」住宅ローンのメリット・デメリット ···· 60

025 2つの返済方法「元利均等返済」と「元金均等返済」の違いとは？ ···· 62

026 変動金利型から固定金利型への借り換えはそれほど簡単ではない ···· 64

027 生命保険の「予定利率」って何だ？ ···· 66

028 貸金業から借り入れるときの金利の上限は「15〜20％」 ···· 68

029 クレジットカードなどで目にする「実質年率」とは？ ···· 70

030 クレジットカードのリボ払いの怖ろしい「逆複利効果」 ···· 72

031 知らないとまずい消費者金融の「アドオン方式」とは？ ···· 74

032 税金を滞納すると、驚くほど高い利息がかかる！ 76
033 「利回り」からリスク・リターンの基本的原則を考える 78
034 魅力的な高利回りは疑わないと痛い目に遭う 80
Column ルネサンス期に復活した金利 82

Part 5

金利が経済に与える影響を知らないと損をする！

複雑な「金利」と「経済」の関係を おおまかに理解する
83

035 「景気」と金利の関係を理解しておこう 84
036 「物価」と金利の関係を理解しておこう 86
037 「為替相場」と金利の関係を理解しておこう 88
038 「株価」と金利の関係を理解しておこう 90
039 低金利通貨でお金を調達する「キャリートレード」とは？ 92
040 「高金利通貨」が長期的には安くなるわけ 94
041 金利はさまざまな要因が絡み合い理屈どおりには動かない 96
Column 江戸時代の米本位制の金融システムとは？ 98

Part 6

金利がどう動いているかがわかれば、世の中の見え方が変わる

「金利」が決まる仕組みを 理解する
99

042 金利は期間によって「短期金利」と「長期金利」に大別される 100
043 「無担保コールレート」は短期金利の主要指標 102
044 なぜ金融機関は「コール市場」で短期取引を行うのか？ 104
045 長期金利の代表格が「10年物国債」の利回り 106
046 ひとくちに「国債」といっても、いろいろな種類がある 108
047 「債券価格」と金利の関係を理解しよう 110
Column 利子を取らないイスラム金融の特徴とは？ 112

Part 7

物価の安定を図り経済の健全な発展を支える

金利コントロールの司令塔「中央銀行」の役割 ………113

048	中央銀行の役割とは何か？	114
049	金融政策の司令塔「日本銀行」の目的とその業務領域	116
050	知っておくべき世界の主な中央銀行	118
051	要注目！ 年8回開かれる日銀の金融政策決定会合	120
052	日本銀行が実施する金融政策の手段とは？	122
053	「金融緩和」「金融引締」は、何を緩め、引き締めるのか	124
054	金利の上下で景気をコントロールする「政策金利操作」	126
055	国債などの売買で政策金利を誘導する「公開市場操作」	128
056	1991年から使われていない「預金準備率操作」とは？	130
057	バブル崩壊後の「金融調節」方針の変遷を見てみよう	132
058	日本銀行の「伝統的金融政策」と「非伝統的金融政策」	134
Column	植民地時代の金利から現代の教訓を学ぶ	136

Part 8

キーワードがわかれば、経済が深読みできる！

ニュースに出てくる「金利」にまつわる用語を理解しよう ………137

059	経済ニュースで見かける「マネタリーベース」とは？	138
060	解除された「マイナス金利政策」はどんなことをしていたのか？	140
061	債券利回りを可視化する「イールドカーブ」とは？	142
062	「逆イールド」はなぜ景気後退のサイン？	144
063	「イールドカーブ・コントロール」って何だ？	146
064	「インフレターゲット」って何だ？	148
065	「金融正常化」へ道半ばの日本 何が正常ではないの？	150
066	「量的・質的金融緩和」っていったいどんなことをしたの？	152

5

067 トルコやアルゼンチン…… 超高金利国は、なぜ超高金利なの？ ········· 154

068 日銀が2024年12月に発表した「多角的レビュー」とは？ ····················· 156

● 索引 ·· 158

【参考文献】

『目からウロコが落ちる 奇跡の経済教室【基礎知識編】』中野剛志・著（ベストセラーズ）／『経済の動きが100％わかるようになる！金利のしくみ見るだけノート』角川 総一・監修（宝島社）／『教科書の中と現実の「信用創造論」』中里透・著（実教出版）／『ROMAHOPEDIA V（ローマ法便覧 第五部）』柴田光蔵・著（2018年、京都大学学術情報リポジトリ KURENAI）／『金利を考える（ちくま新書）』翁邦雄・著（筑摩書房）／『金利の歴史』平山賢一・著（中央経済社）／『絶対得する！ 住宅ローンの選び方』横田濱夫・著（学研）／『日本国債：借金大国の本当の姿が見えてくる』髙橋乗宣・監修／川上 清市、奥村 研・著（かんき出版）／『改訂版 金利を見れば投資はうまくいく』堀井正孝・著（クロスメディア・パブリッシング）／『いちばんやさしい為替の教本』神田卓也・著（インプレス）

■『ご注意』ご購入・ご利用の前に必ずお読みください

本書に記載された内容は、情報の提供のみを目的としています。したがって、本書を参考にした運用は、必ずご自身の責任と判断において行ってください。本書の情報に基づいた運用の結果、想定した通りの成果が得られなかったり、損害が発生しても弊社および著者、監修者はいかなる責任も負いません。

本書は、著作権法上の保護を受けています。本書の一部あるいは全部について、いかなる方法においても無断で複写、複製することは禁じられています。

本文中に記載されている会社名、製品名などは、すべて関係各社の商標または登録商標、商品名です。なお、本文中には ™ マーク、® マークは記載しておりません。

THE BEGINNER'S GUIDE TO INTEREST RATES

Part

1

超低金利時代の長いトンネルの
出口が見えてきた！

理解しておきたい
日本の金利の
「今」

001 THE BEGINNER'S GUIDE TO
INTEREST RATES

日本の金利水準の現状を
把握しておこう

● 銀行に預けているお金の金利がいくらか知っている？

　今、自分の口座に入っている預貯金の金利がどれぐらいか把握しているでしょうか。日本は長らく低金利時代が続いているため、金利を気にせずにただ銀行に預けているだけの人も多いかもしれません。これから金利を理解するにあたって、最も身近な金利といえる、銀行の預金金利がどれぐらいなのかをここで把握しておきましょう。

　2024年12月末現在、メガバンク（三菱UFJ銀行、三井住友銀行、みずほ銀行）の普通預金の金利は年0.1％、ゆうちょ銀行の通常貯金もメガバンクと同じ年0.1％となっています。仮に100万円を1年間預けても利子には20.315％の税金が課税されるため、手元に残るのは797円にしかなりません。

　定期預金の預金金利を見ると、メガバンクよりも、オリックス銀行のようにネットバンキングに力を入れる銀行などのほうが高くなる傾向はありますが、「金利が低いから、どうせ預金のままではあまり増えない」という印象をもっている人は多いでしょう。

　じつは2024年2月時点でメガバンクの普通預金の金利は年0.001％でしたが、その後、日本銀行（P.116）が段階的に利上げをしたことを受け、3月には年0.02％、9月には年0.1％と2回上がり、2024年内で100倍になりました。銀行口座の金利を気にしていなかった人は多いかもしれませんが、2024年に入り金利は上がっており、**長く続いた「超低金利時代」は終わりつつあります。**まずは最も身近な自分の銀行口座の普通預金、定期預金の金利が何％かを銀行の公式サイトや窓口で一度確認してみましょう。

8

● 主要な銀行の預金金利（2024年12月末現在）

	普通預金（通常貯金）	定期預金（定期貯金）		
		6カ月	1年	3年
みずほ銀行	0.100	0.125	0.125	0.150
三菱UFJ銀行	0.100	0.125	0.125	0.200
三井住友銀行	0.100	0.125	0.125	0.150
りそな銀行	0.100	0.125	0.125	0.150
ゆうちょ銀行	0.100	0.125	0.125	0.150
SBI新生銀行	0.110	0.150	0.160	0.200
あおぞら銀行	0.200	0.400	0.450	0.550
PayPay銀行	0.100	0.125	0.125	0.150
セブン銀行	0.100	0.125	0.125	0.150
ソニー銀行	0.150	0.450	0.600	0.300
楽天銀行	最大 0.180	0.110	0.350	0.150
住信SBIネット銀行	最大 0.110	0.125	0.400	0.200
auじぶん銀行	最大 0.410	0.150	0.200	0.350
オリックス銀行	0.110	0.450	0.500	0.600

※金利欄は預金金利のパーセントを示しています。
※2024年12月末時点のキャンペーン金利を反映しています。

まとめ	□ メガバンクよりもネット専業銀行のほうが預金金利が高い □ 2024年以降、預金金利は上昇する傾向にある

出典：各行ホームページより著者作成

002 THE BEGINNER'S GUIDE TO
INTEREST RATES

バブル崩壊前の日本の
預金金利はこんなに高かった!

❯ バブル期の定期預金の金利は年6%を超えることもあった

　2024年末現在、国内銀行の普通預金金利は年0.10%が主流で、非常に低金利の状態が続いています。しかし、バブル経済期（1980年代後半から1990年代初頭）の金利は、今とは比較にならないほど、金利は高水準でした。

　1990年9月には郵便局（現・ゆうちょ銀行）の通常貯金（銀行の普通預金に相当）の金利は年3.48%、定額預金（一定期間固定金利で運用する安全性が高いゆうちょ銀行の預金商品）の金利は3年物で6.33%でした。100万円を1年預けるだけで6万円以上の利子がつくという今では考えられないほどの高金利だったのです。

　一方、預金金利が高いときは、お金を借りるときの金利も高いため、住宅ローン金利も高水準で、バブル期には変動金利型で年8%を超えることもありました。当時、マイホーム購入に高額なローンを組んだ人の毎月の金利負担は非常に重かったといえます。

　このような高金利の背景には、当時の日本経済が旺盛な資金需要により、成長を続けていたことがあります。当時の日本人は、未曾有の好景気のなかで将来の先行きに対して楽観的でした。土地は値下がりしないと信じられていたこともあり、たとえ金利が高くても住宅ローンを組んだのです。その後、1990年代にバブルが崩壊すると金利は急低下。以降は長らく低金利時代が続いたのち、それが常態化しています。これがあたり前のようになっていますが、右ページのグラフのように、バブル期まで遡って金利水準を見ると、**現在の金利水準は極めて低い状態にある**ことに気づかされるはずです。

10

● バブル期の郵便局（現・ゆうちょ銀行）の預金金利の推移

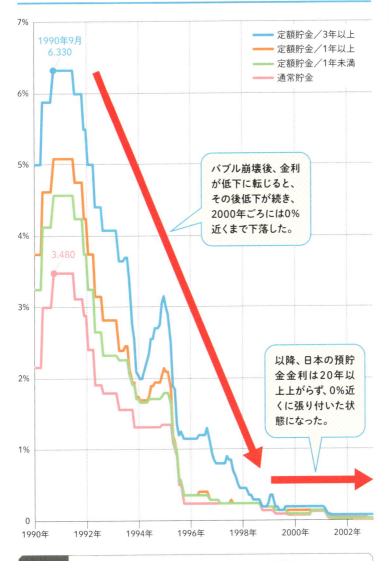

まとめ	□ バブル崩壊後、日本は長期の低金利が常態化した □ 日本の預貯金金利が0％に近いのは当たり前ではない

出典：日本銀行

003 THE BEGINNER'S GUIDE TO
INTEREST RATES

日本と世界の主要国の
政策金利を比較してみよう

● 2024年末現在、日本の政策金利は世界最低

政策金利とは、中央銀行（P.114）が決定する世の中のあらゆる金利の起点となるもので、この金利が上がれば預金金利は上がり、下がれば預金金利は下がります。

ここで2024年12月現在、日本の金利水準が各国と比べてどうなのかを、政策金利で比べてみましょう。

日本の政策金利（無担保コールレート、P.102）は「0.25％」で、かなり低い水準にあります。アメリカは、2024年11月に政策金利を0.25％引き下げましたが、4.50～4.75％と高い水準になっています。EU（欧州連合）のなかでも単一通貨ユーロを採用しているユーロ圏は3.40％となっています。同様に、イギリスは4.75％、中国は3.10％となっています。なかには、メキシコの10.25％、ブラジルの11.25％、トルコの50.00％といった国もあります。

政策金利が高い国では預金金利が高くなりますから、日本のあまりにも低い預金金利に愛想を尽かし、より高い利率で預金ができる国の通貨で外貨預金をしている人もいるのではないでしょうか。しかし、外貨預金は日本円の預金とは異なり、高利率でも外国為替差損の可能性のため、必ず受取利息を手にできるわけではありません。

金利の水準にはそれぞれ理由があるため、一概に良し悪しを語れるものではありません。詳しくは以降で説明しますが、金利があまりにも高い国の通貨は金利を高くしなければいけない理由、同様に日本も金利を低くしなければいけない理由があるのです。ここでは日本の金利水準は極めて低いことを確認しておきましょう。

主要国の政策金利の推移（2024年下半期）

国名	7月	8月	9月	10月	11月	12月
日本	0.25	0.25	0.25	0.25	0.25	0.25
米国	5.50	5.50	5.00	5.00	4.75	4.50
ユーロ圏	4.25	4.25	3.65	3.40	3.40	3.15
イギリス	5.25	5.00	5.00	5.00	4.75	4.75
カナダ	4.50	4.50	4.25	3.75	3.75	3.25
豪州	4.35	4.35	4.35	4.35	4.35	4.35
NZ	5.50	5.25	5.25	4.75	4.25	4.25
スイス	1.25	1.25	1.00	1.00	1.00	0.50
香港	5.75	5.75	5.25	5.25	5.00	4.75
南アフリカ	8.25	8.25	8.00	8.00	7.75	7.75
中国	3.35	3.35	3.35	3.10	3.10	3.10
トルコ	50.00	50.00	50.00	50.00	50.00	47.50
メキシコ	11.00	10.75	10.50	10.50	10.25	10.00
ロシア	18.00	18.00	19.00	21.00	21.00	21.00

※単位は％。米国の政策金利は上限数値

まとめ
- ☑ 日本の政策金利は世界最低水準が長く続いている
- ☑ その国の経済状態によって政策金利は大きく異なる

出典：BIS（国際決済銀行）

Part 1

理解しておきたい日本の金利の「今」

004 THE BEGINNER'S GUIDE TO
INTEREST RATES

長期にわたって続いた
日本の低金利はかなり特異な状況

● 不景気が招いた「デフレ」日本の低金利時代

　日本では1990年代のバブル崩壊以降、金利水準が下がり続けました。その後、**低金利の状態が約30年も続いているのは、世界的に見ても非常に珍しい**現象です。

　通常、景気が悪いときには金利を下げて景気を刺激し、景気が回復すれば金利を上げるのが一般的です。しかし、日本では景気の回復が遅れ、金利を上げることができない状態が長く続いてきたのです。景気が悪くなると、モノが売れなくなります。その結果、モノを売る側が価格を安くすることでモノを売ろうとします。その結果、日本では、物価が下がり続ける「デフレーション（デフレ）」に陥りました。デフレになれば、企業の売上が伸び悩み、賃金も上がらなくなります。そうなれば、人々はお金を使うのを控えます。その結果、モノが売れない→給料が上がらない→モノを買わないという「デフレスパイラル（P.18）」に陥ったのです。

　一方で、低金利にはメリットもあります。たとえば、住宅ローンの支払利息が少なくなるため家が購入しやすくなります。また、企業が資金を借りやすくなることで、設備投資などが進みやすいという効果も期待できます。しかし、預金の利子もほとんどつかなくなるため、貯蓄をしている人にとっては不利な状況になるほか、年金運用の利回りが下がることで将来の受給額が減る不安も生じます。

　2024年に入り、日本の金利は少しだけ上がりましたが、依然、低金利です。日本人にとって当たり前になってしまった長く続く低金利は、世界的に見るとかなり特異な状況といえます。

● 主要国の政策金利の推移（2008年〜2024年11月）

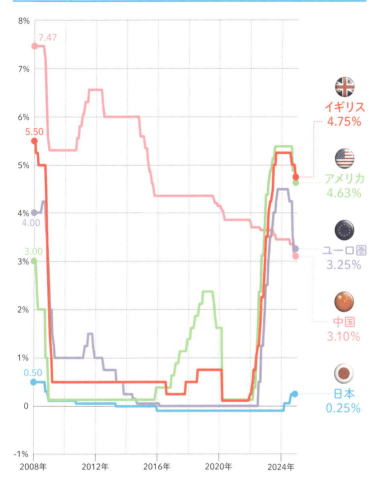

2008年9月のリーマンショック後、各国は景気悪化に対応して政策金利を大幅に引き下げた。その後、コロナ禍でも世界経済が低迷し、多くの国が再び金利を引き下げた。一方、日本はリーマンショック以前から政策金利は極めて低く、2024年になってようやく政策金利が引き上げられ始めたものの、依然低い水準に留まっている。

まとめ	☐ 日本の長期的な低金利と「デフレ」は景気回復の遅れが原因 ☐ 世界で日本ほど低金利が長く続いている国はない

出典：BIS（国際決済銀行）

005 THE BEGINNER'S GUIDE TO
INTEREST RATES

じつは日本はデフレではなく、「ディスインフレーション」だった!

● じつは「デフレ」ではなかったこれまでの日本経済

　日本経済は長年「デフレーション（デフレ）」と言われてきました。デフレとは、物価が継続的に下落することです。たしかに消費者物価指数（生鮮食品を除く総合、コアCPI）の上昇率（＝物価上昇率）は、1993年11月以降、前年同月比で1％を切り、0％近辺の極めて低い状態が長く続いていました。

　しかし、右ページのグラフを見るとわかるように、1990年以降の日本の物価上昇率は、下落を続けた局面を経て1％を切ったのち、長期間にわたって0％近辺でほぼ横ばいで推移しました。その期間中には物価が下落するどころか、エネルギー価格の変動や消費税の税率の引き上げで一時的に物価が上昇する局面もありました。

　デフレは、「物価が継続的に下落している状態」のことです。その意味ではデフレといわれていた期間の大半は、じつはデフレではなかったといえます。日本は物価が持続的に上昇するインフレーション（インフレ）でも、物価が極端に下がり続けるデフレでもない状態でした。このような状態のことを**「ディスインフレーション（ディスインフレ）」**といいます。つまり、厳密にはデフレではなく、ディスインフレだったのです。

　しかし、報道などでは物価上昇率が0％近辺で停滞している状態を「デフレ」と表現するのが一般的になっています。**本書では、混乱を避けるため、以降、「ディスインフレ」についても、あえて「デフレ」と記載しています。しかし、今後の経済政策や生活への影響を考えるうえで両者の違いを理解しておくことは重要です。**

● インフレ、デフレ、ディスインフレの違いとは

インフレーション（インフレ）
▶ 物価が持続的に上昇する状態

デフレーション（デフレ）
▶ 物価が持続的に下落する状態

ディスインフレーション（ディスインフレ）
▶ インフレでもデフレでもなく、物価が上がりづらい状態

● 消費者物価指数（対前年同月比）の推移（1990年1月〜2024年12月）

> 1993年11月に物価上昇率が1%を切って以降、ほとんどの期間で±1%の範囲内を推移。持続的な物価下落はなく、長期にわたる低インフレ・停滞期だった。「デフレ」とされたが、物価が上昇する局面もあった。

まとめ
- ☐ ディスインフレは、物価上昇率が鈍化した状態のこと
- ☐ 日本経済はディスインフレで、完全なデフレではなかった

出典：総務省

006 THE BEGINNER'S GUIDE TO INTEREST RATES

日本の低金利とデフレの原因は「経済成長の低さ」

● 「低成長」が低金利とデフレを生むメカニズム

　日本で低金利とデフレが長く続いている要因は、経済成長の低さです。これらは1990年代のバブル崩壊以降、日本経済を苦しめ続けてきた問題です。さらに、**日本では少子高齢化が進み、生産年齢人口の割合が減少したことで、経済全体の成長力が鈍化しました。**成長の見込みがなければ、企業もリスクを取らず、新たな投資を控えます。そうなると、企業の売上が減少し、賃金の上昇が難しくなります。当然のことながら、賃金が上がらなければ人々は消費を控え、モノが売れなくなります。その結果、デフレスパイラルに陥る可能性があります。そうした状態にならないように、日銀は金利を下げて、お金を借りやすくして景気を刺激しようとしてきました。

　もし経済が成長しないなかで金利を引き上げれば、企業の借入コストが上がり、さらなる景気の停滞を招く恐れがあるため、日銀は低金利政策を維持して経済を下支えするしかなかったのです。

　しかし、低金利政策は一時的な刺激策としては有効でも、長期にわたると副作用も大きくなります。たとえば、預金しても利子がつかないといった身近な悪影響や、銀行の収益低下、ゾンビ企業と呼ばれる生産性の低い企業の存続を許し、経済全体の活力を損なうという問題、不動産や株式などの資産価格が過度に上昇してバブルのリスクを高めるという問題も指摘されています。

　日本の低金利とデフレの根本的な原因は、経済成長の低さにあります。経済が力強く成長しなければ、デフレの克服も金利を正常化することも難しいのです。

● 少子高齢化がもたらす経済低成長のメカニズム

人口構成の変化

少子化の影響

- **生産年齢人口割合の減少**
生産年齢人口の割合が減ったことで、生産活動が制約され、経済成長が鈍化

- **消費の低迷**
消費意欲が高い若者が減り、消費の伸び悩みが経済を冷やす

高齢化の影響

- **社会保障費の増加**
高齢者が増えて医療費が増加。財政負担が重くなり、経済成長を支える投資が制約される

- **消費パターンの変化**
高齢者は生活必需品や医療関連の支出が増える一方で、成長産業への支出は減少

経済低成長

経済成長を人口の増加に求める時代ではなくなった

● 日本が苦しんできた「デフレスパイラル」とは？

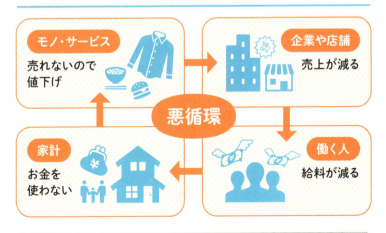

まとめ	□ 低成長がデフレと長期間にわたる低金利を招いた □ 長期の低金利は景気刺激策だったが副作用も大きかった

007 THE BEGINNER'S GUIDE TO
INTEREST RATES

日本は低金利時代から
「金利のある時代」へ

● 17年ぶりの利上げで日本経済は転換期を迎えた!?

　2024年、日本は長らく続いた「低金利時代」からの転換期を迎えています。バブル崩壊以降、日本経済はデフレや低成長に苦しみ、低金利政策が長期間維持されてきました。しかし、デフレからインフレになったことが明確になった**2024年3月に、日本銀行は約17年ぶりに利上げを実施**し、政策金利を−0.1％から0〜0.1％に引き上げました。そして同年7月31日には政策金利を0.25％に、2025年1月24日には0.50％まで引き上げました。

　背景には、2020年頃から日本の物価が継続的に上昇し、大規模な金融緩和の役割が終わったことや、世界的なインフレ圧力の高まりが挙げられます。アメリカや欧州ではコロナ禍からの景気回復を背景にインフレが進行し、中央銀行が相次いで利上げを行いました。この動きに遅れていた日本も、円安進行や輸入物価の上昇といった課題に直面するなかで、金利引き上げを決断したのです。

　これにともない、メガバンクやゆうちょ銀行は預金金利を引き上げました。潮目は大きく変わったのです。この変化は、長らく預金の金利に無関心だった人々にも、新たな関心を呼び起こしています。

　金利の上昇によって貯蓄の利息が増えるため、預金者にとっては収益が期待できる一方、住宅ローンや企業の借入金の返済負担は増加するなど、家計や企業にとってメリットとデメリットをもたらします。長年、日本人は低金利のなかで暮らしてきましたが、その常識が変わろうとしています。家計や投資を考えるうえで発想のアップデートが求められています。

2024年3月、17年ぶりの利上げで金利は変わった

	2023年12月	2024年12月
政策金利	-0.100%	0.250%
長期金利 （P.100）	0.647%	1.086%
普通預金 ※みずほ銀行	0.001%	0.100%
10年定期預金 ※みずほ銀行	0.200%	0.350%
住宅ローン（変動、三菱UFJ銀行）	0.425%	0.425%
住宅ローン（固定、フラット35※）	1.910%	1.860%

※借入期間：21年以上35年以下、融資率9割以下の最も多い金利

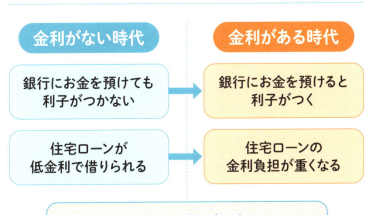

金利がない時代
- 銀行にお金を預けても利子がつかない
- 住宅ローンが低金利で借りられる

→

金利がある時代
- 銀行にお金を預けると利子がつく
- 住宅ローンの金利負担が重くなる

2024年3月に日銀が17年ぶりに金利を引き上げて潮目が変わった！

まとめ
- ☐ 日本は利上げで低金利時代の転換期を迎えている
- ☐ 金利上昇は家計や企業に新たな影響を与える

出典：日本銀行、みずほ銀行、三菱UF銀行、住宅金融支援機構ホームページより著者作成

● Column

古代メソポタミアからあった金利の話

　金利の歴史は、古代メソポタミア文明にまで遡ります。現在のイラク周辺に位置するこの地域は、紀元前3000年頃から経済活動が盛んに行われ、金利は重要な役割を果たしていました。

　当時、穀物や銀が通貨の代わりに使われていました。とくに銀は腐らず価値が保たれるため、大きな取引に利用されました。当時の粘土板に刻まれた記録には、「銀1シェケル（約8.33グラム）を貸し、年利20～30%で返済する」という契約が残されています。この高金利は、当時の経済的なリスクやインフレを反映したものと考えられます。

　金利の取り決めは契約書として粘土板に楔形文字で記録され、借り手と貸し手の名前、利率、返済期限が明記されており、厳格に管理されていたといいます。また、金利は宗教的な意味合いもあり、金利を支払うことが神々への感謝や敬意を示す行為とされ、道徳的な意識とも結びついていました。

　一方で、過剰な金利が社会的な不安を引き起こすこともありました。借り手が返済不能に陥るケースが多発すると、債務奴隷として家族が売られることもあったのです。これに対し、一部の王は負債免除令を発布し、社会の安定を図りました。たとえば、古代バビロニアのハンムラビ法典には、金利や債務に関する規定が盛り込まれており、金利の上限を定めることで不正や搾取を防ごうとする姿勢が見られます。また、穀物を用いた貸借も行われていました。利率は銀より低く、15～20%程度でした。

　金利の概念は、今から5000年以上前の古代メソポタミアまでさかのぼれるほど歴史のある仕組みなのです。

THE BEGINNER'S GUIDE TO INTEREST RATES

Part

2

あらためて金利について
考えてみよう！

金利の
基本の「き」を
理解する

008 THE BEGINNER'S GUIDE TO
INTEREST RATES

そもそも「金利」とは何なのか

● 金利を理解することは経済を理解する第一歩になる

2024年以降、「金利」という言葉を目にしたり、耳にする機会が増えてきました。お金を預けるときやローンを組むとき、あるいはニュースで「利上げ」の話題が出たときなど、金利の存在を感じる場面は多いのではないでしょうか。しかし、「金利とは一体何なのか？」と聞かれて、すぐに答えられる人は少ないかもしれません。

簡単にいえば、**金利は「お金を借りたり、預けたりする際の対価」です**。銀行は誰かにお金を貸し出し、他の誰かに預金という金融商品を提供しています。そして、借りた人が支払う利息の一部が預けた人への利息として還元されます。住宅ローンのようにお金を借りた場合には、元金に利息を上乗せして返済します。この利息を決める基準が金利で、その割合は「％」で表示されます。

金利は経済全体にとっても重要な役割を果たしており、「経済の温度計」といわれます。たとえば、景気が良くなりそうなときは金利が上がる傾向があり、景気が悪くなりそうなときには金利が下がり、企業や個人が資金を借りやすくなるよう調整されたりします。こうした金利の動きは経済の方向性を示す手がかりになるのです。

金利は私たちの家計や生活にも直接影響を与えます。金利が上がれば住宅ローンの返済負担が大きくなりますが、預金金利が上がって貯蓄が増えるメリットもあります。さらには年金の運用利回りにも影響を与えるので、将来の受取額が変わる可能性もあります。金利を理解することは、経済を知る第一歩であり、賢いお金の使い方を考えるためにも欠かせない知識といえます。

あらためて金利とは何かを考えよう

> **金利とは**
>
> お金の貸し借りにおいて、借りた人が貸した人へ支払う対価の割合を示すもの。借りた金額に対してどれくらいの割合で利息（利子）が発生するのかを表し、通常は「％」で表示される

まとめ	□ 金利はお金を借りたり、預けたりする際の対価 □ 金利の知識は経済を理解したり、家計管理に欠かせない

009 THE BEGINNER'S GUIDE TO
INTEREST RATES

社会のあちこちにある
さまざまな「金利」

▶生活のなかで関わるさまざまな金利を知ろう!

　私たちの生活には、さまざまな「金利」が関わっています。最も身近な金利は、銀行の「預金金利」でしょう。銀行にお金を預けると、その金額や期間に応じて利子を受け取れます。普通預金の金利は非常に低いですが、定期預金では期間が長いほど高い金利が適用されることがあります。

　一方、銀行や金融機関からお金を借りると「借入金利」がかかります。住宅ローンや自動車ローン、教育ローンなど、借り入れ目的に応じてさまざまな金利が設定されています。借入金利は借り手にとって負担となりますが、金融機関にとっては貸出金利であり、重要な収益源です。複利（P.42）で計算されるため、借入金利が少し変動するだけでも返済額に大きな影響を与えるため、慎重に選ぶことが大切です。

　また、「政策金利」という金利も重要です。政策金利は中央銀行（日本では日本銀行）が設定し、経済全体の金利水準を調整する基準となります。たとえば、政策金利を引き下げると預金金利や貸出金利も低下し、景気刺激につながることがあります。

　さらに、「国債金利」も注目すべきです。国債は国が発行する債券で、その金利は国の信用力や財政状況を反映します。投資家にとって投資判断の指標となるだけでなく、住宅ローン金利などにも影響を与える重要な存在です。

　金利は私たちの生活に深く関係しています。その役割や仕組みを理解することで、資産運用や生活設計をより良いものにできます。

● 私たちの身の回りにあるさまざまな金利

▶住宅ローンなどの借入金利
銀行などの金融機関にお金を借りるときにかかる金利。住宅ローンや自動車ローン、教育ローンなどさまざまなローンがある。

▶銀行の預金金利
銀行にお金を預けた場合に受け取る金利。普通預金は一般的に低金利で、定期預金は期間が長いほど高い金利が適用されることが多い。

▶カードローンやキャッシングの金利
クレジットカードや消費者金融でお金を借りた際に適用される金利。金利が高いことが多いため、慎重に利用する必要がある。

《個人》

▶国債などの債券の金利
国や地方自治体、企業などが資金を借りるために発行する債券を購入すると、お金を貸した見返りとしての利子を受け取れる。

▶政策金利
中央銀行（日本では日本銀行）が景気をコントロールするために設定する基準金利で、経済全体の金利水準を左右する。

▶企業向け融資金利
企業が運転資金や設備投資のために銀行などの金融機関から借りるお金に適用される金利。借りた側が金融機関に利息を支払う。

**金利は私たちの生活に欠かせない存在！
その仕組みを理解することが大事！**

まとめ	□ 金利は生活全般に影響を与える重要な要素 □ 金利の仕組みを理解し、賢い選択を心がけよう

010 THE BEGINNER'S GUIDE TO INTEREST RATES

「利子」と「利息」の違いとは?

● 日常生活では厳密な使い分けを気にする必要はない

日常生活では、「利子」「利息」という異なる単語をあまり意識せずに使っているかもしれません。ところが、よく考えてみると、異なる言葉である以上、そこに違いがあるかもしれません。「言われてみると、その違いは何だろう。よくわからない」と思った人もいるのではないでしょうか。ここで一度、これらがどんな意味を持つのかを整理しておきましょう。

「利子」は、借りた資金や預けた資金に対する利益や報酬を指します。主に借入金や預金に関連するもので、通常は一定の期間ごとに支払われます。たとえば、銀行預金の場合、預金口座に残高があると、銀行から「利子」が支払われます。つまり私たちが銀行にお金を預ける（＝銀行にお金を貸す）ことで受け取るのは「利子」と呼ぶのが一般的です。

お金を借りた側が借入金に対して支払うのが「利息」です。たとえば、あなたが住宅ローンを借りていて、毎月ローン残高に対して支払っているのが「利息」です。

このように**受け取る側は「利子」、支払う側は「利息」**と使い分けることがあります。とはいえ、住宅ローンを借りている人が「利息を払う」ではなく、「利子を払う」と言っても話が通じなくなるわけではないので、日常生活で厳密に使い分ける必要はないでしょう。

他方、簿記会計では「支払利息」や「受取利息」という勘定科目があり、「支払利子」や「受取利子」とは言いません。このように業界によっても使い方が異なることがあります。

●「利子」と「利息」は同じ意味

お金を貸した【受け取る側】

例
- 銀行預金
- 国債

↓

受取金額

元金 + 利子

お金を借りた【支払う側】

例
- 住宅ローン
- カードローン

↓

支払金額

元金 + 利息

法律の世界では、債務者（借りた人）の負担を規定する目的がある利息制限法では「利息」、債権者（貸した人）が得る利益や収益を取り扱う所得税法では「利子」という言葉が使われる。このように対象者や文脈に応じて使い分けられている。

まとめ
- □ 受け取る側は「利子」、支払う側は「利息」
- □ 利子と利息は同じ意味なので違いを気にする必要はない

011 THE BEGINNER'S GUIDE TO
INTEREST RATES

「利率」と「利回り」の違いとは?

● 投資をするときは利回りを意識した判断が大切

　金融商品や投資に触れると、「利率」と「利回り」という言葉を目にします。一見似ていますが、これらは異なる概念です。**「利率」とは、元本に対して1年間で得られる利子の割合を示したもの**です。たとえば、100万円を年2%の定期預金に預けた場合、1年間で得られる利子は2万円です。このときの2%が「利率」です。

　一方、**「利回り」とは、投資に対してどれだけの収益を得られるかを示した指標**です。利率に加えて、購入価格や満期時の償還金額、税金などを考慮する場合、それを「実質利回り」と呼び、投資成果を評価する指標として重要です。

　先ほど例として挙げた年2%の定期預金に100万円を預けた場合で考えてみます。1年後に受け取る利子は2万円ですが、税金として20.315%が差し引かれるため、実際の手取り額は1万5,937円になります。このとき、1年あたりの実際の運用益の割合は年1.5937%です。これが「利回り（実質利回り）」です。

　このように、投資をすると金融機関が提示する利率どおりに利子は受け取れません。金融機関が提示する利率を「表面利回り（税引き前利回り）」という言い方をすることがあり、「表面利回り（税引き前利回り）は2%、実質利回り（税引き後利回り）は1.5937%」と表現されることもあります。

　利率は重要な数字ですが、それだけでは実際に自分が手にできる収益はわかりません。実際の手取り額を知りたいときは、実質利回りを確認するか、利率から実質利回りを計算する必要があります。

30

▶「利率」と「利回り」の違いについて見てみよう

100万円を年2%の定期預金に預けた
→ 利率（表面利回り）

1年後の利子
→ 100万円 × 2% = 2万円（税引き前）

税金（20.315%）
→ 2万円 × 20.315% = 4,063円

実際に受け取れる金額
→ 2万円 - 4,063円 = 1万5,937円

● 実際に得られる運用益の割合は

$$\frac{1万5,937円}{100万円} \times 100 = 1.5937\%$$

→ 利回り（実質利回り）

● したがって、

利率は2%　**利回りは1.5937%**

まとめ
- 利率は、金融商品の条件を表す金利の指標のこと
- 利回りは、実際の投資成果を評価する指標のこと

012 THE BEGINNER'S GUIDE TO
INTEREST RATES

金利は「年利」表示が一般的

❯ 同じ利率でも年利と月利、日歩では大きな違いがある

金利は「年利」として表示されるのが一般的です。年利とは、1年間にどれだけ利息が発生するかを示したものです。たとえば、年利5%のローンを100万円借りると、年5万円の利息がかかります。

年利表示が多い理由のひとつは、計算がわかりやすいからです。とはいえ、**お金を借りるときは、表示されている金利が「年利」「月利」「日歩（＝日利)」かをよく確認する必要があります**。住宅ローンや自動車ローン、または定期預金など、長期的な運用や返済をともなう金融商品は年利表示が一般的ですが、質屋のような短期の借り入れは月利表示される場合もあるからです。

ちなみに日歩は「日歩10銭」と表示し、元金100円あたり1日0.1円（10銭）の利息を示します。たとえば元金100万円では1日1,000円の利息です。この日歩は、証券会社で信用取引をする際のお金や株式を借りる手数料の計算で使われています。

もし月利1.5%なのに、「年利」と思い違いをしたら、予想以上の利息負担になって大変です。月利1.5%は年利換算で18%（＝1.5%×12カ月）になるからです。もし100万円を年利1.5%で借りたなら、利息は1万5,000円です。しかし月利ならその利息は12倍の18万円になります。

また、法外な高金利で貸し付けをするヤミ金業者を俗語で「トイチ」といいます。これは「10日で1割の利息」の意味です。もし1年間まったく返済しないで10日ごとに借入残高が増えていくと、年利換算で3,142%と途方もない高金利になります。

● 金利表示は「年利」が一般的

Part 2 金利の基本の「き」を理解する

○○銀行 住宅ローン
〜金利引き下げキャンペーン中!〜

当初5年固定金利

年**0.95%**
（店舗表示金利 年3.10%）

（基準金利より最大年▲2.15%）

変動金利（WEB申込）

年**0.35%**
（店舗表示金利 2.475%）

（基準金利より最大年▲2.125%）

※表示の金利は、新規にお借入れされる場合の金利です。
※金利引き下げ幅はお取引内容等によって決定します。

（2025年△月×日現在）

「年利」であることを表す

金融商品の利率は「年利」で表示されるのが一般的

● 元金100万円の年利、月利、日歩の1%の利息を比較する

	期間	利息額
年利1%	1年	10,000円
月利1%	1カ月	10,000円
	1年	126,822円
日歩1%	1日	10,000円
	1カ月	347,834円
	1年	36,781,695円

まとめ
☐ 金融機関の商品の金利表示は「年利」が一般的
☐ お金を借りるときに年利と月利を間違えると大変なことになる

013 THE BEGINNER'S GUIDE TO
INTEREST RATES

利子（利息）は
「元本×年利×時間」で決まる

◉ 時間の経過とともに利子（利息）が増えていく

　金利を考えるうえで、時間の関係を理解しておくことは重要です。利子（利息）は次のような式で計算されます（単利の場合）。

・利子（利息）＝元本×年利×時間（年単位）

「元本」は投資や借り入れのもとになる金額です。そして「年利」は、元本に対して1年間で適用される利率で、通常％で示されます。たとえば、100万円を年利5％で1年間運用した場合、利子は次のように計算されます。

・100万円×5％×1年＝5万円

　この式で特に注目すべき要素が「時間」です。利子は、時間の長さに比例して変わります。たとえば、同じ100万円を年利5％で9カ月運用したときの利子は次のとおりです。

・100万円×5％×9カ月÷12＝3万7,500円

　100日の場合は次のようになります。

・100万円×5％×100日÷365＝1万3,698円

　上記の例からもわかるように、**時間が長いほど利子（利息）は増え、時間が短いほど利子（利息）は減ります**。時間の影響は大きいのです。資産運用するときは時間が長くなるほど受け取る利子が増え、お金を借りるときは時間が長くなるほど支払う利息は増えます。

　お金を預けるときは時間を味方につけ、お金を借りるときは時間を敵に回さないようにすることが大切です。このように**金利と時間は切っても切れない関係にあります**。

● 時間の経過で増えていく利子（利息）

> ### 利子（利息）の求め方（単利の場合）
>
> ▶**年単位の場合**
> 利子（利息）＝ 元本×年利×年数
>
> ▶**月単位の場合**
> 利子（利息）＝ 元本×年利×月数÷12
>
> ▶**日単位の場合**
> 利子（利息）＝ 元本×年利×日数÷365
> ※うるう年の場合は366

Part 2

金利の基本の「き」を理解する

元本100万円、年利5％で運用（借り入れ）した場合

▶**1年間運用（借り入れ）した場合**
利息＝100万円×5％×1（年）＝5万円

▶**9カ月運用（借り入れ）した場合**
利息＝100万円×5％×9（カ月）÷12＝3万7,500円

▶**100日間運用（借り入れ）した場合**
利息＝100万円×5％×100（日）÷365＝1万3,698円
（小数点以下切り捨て）

同じ額、同じ金利でも、時間の長さによって、利子（利息）は増えたり、減ったりする！

まとめ
□ 金利と時間は比例関係にあり、利子（利息）の増減を左右する
□ 資産運用は時間を味方に、借り入れでは時間短縮を

014 THE BEGINNER'S GUIDE TO
INTEREST RATES

「実質金利」と「名目金利」を
理解しないと損をする

▶「実質金利」は見た目だけでは判断できない

借金や投資をするときに、「実質金利」と「名目金利」の違いを知ることは大切です。この違いを知らないと、お金が増えたと思っていたのに、じつは減っているかもしれません。

「名目金利」は、銀行の定期預金や住宅ローンの金利など、金融機関が提示する額面上の金利のことです。一方、**実質金利は、名目金利から物価上昇率（インフレ率）を差し引いた金利**を指します。

実質金利は直接的に目に見えませんが、実際の価値を考えるうえで非常に重要です。なお、物価上昇率は、総務省が毎月発表する「消費者物価指数（CPI）」を前年同月と比較した上昇率のことです。

たとえば、定期預金の金利が1%でインフレ率が2%だった場合、実質金利は−1%（＝名目金利−インフレ率）となります。この場合、100万円を預けた1年後に利子を1万円受け取れますが、モノの値段が2%上昇して102万円になると、1年前に100万円だった同じモノは買えなくなります。つまり、実質的な価値は減少しているということです。このように名目金利よりもインフレ率が上回れば、実質的な利子はマイナスになります。逆に名目金利が低くても物価上昇率がそれ以下なら、実質的な利子がプラスになることもあります。つまり、名目金利だけでは実質的な価値はわからないのです。

2024年末現在、メガバンクの定期預金金利は0.125%ですが、日本の物価上昇率は2%程度で推移しています。定期預金をすれば額面は増えます。しかし、物価上昇率のほうが高いので実質金利はマイナスになっているということです。

▶ 「実質金利」とは?

$$\boxed{実質金利} = \boxed{名目金利 - 物価上昇率}$$

例) 年1%の定期預金に1年間預けた。
その間のインフレ率が2%(=インフレ)だったときの実質金利は−1%になる。

$$\underset{名目金利}{1_\%} - \underset{インフレ率}{\overset{インフレ}{2_\%}} = \underset{実質金利}{-1_\%}$$

> 預金の額面が増えても実質的な価値は減少!

例) 年0.1%の定期預金に1年間預けた。
その間のインフレ率が−0.5%(=デフレ)だったのときの実質金利は0.6%になる。

$$\underset{名目金利}{0.1_\%} - \underset{インフレ率}{\overset{デフレ}{(-0.5_\%)}} = \underset{実質金利}{0.6_\%}$$

> 預金がほぼ増えなくても実質的な価値は増加!

▶ インフレ、デフレと実質金利の関係

インフレ（物価が上昇）	経済状況	デフレ（物価が下落）
➖ 実質金利はマイナスになる	預金などの実質金利	➕ 実質金利はプラスになる可能性がある
●売上高が増加 ●企業の金利負担が重くなる ●原材料費や人件費が増える ●コスト転嫁ができないと利益が減る	企業への影響	●価格競争で売上高が減少する ●借入金の実質負担が重くなる ●原材料費や人件費が抑えられる ●設備投資や新規事業への投資を控える
●資産価値（不動産、株式）が上がる ●住宅ローン金利が高くなる ●賃金が上がり、雇用不安は少なくなる ●実質賃金が低下して生活が苦しくなる	個人への影響	●貯蓄の実質価値が増える ●住宅ローン金利が低くなる ●賃金の減少や雇用不安が高まる ●物価下落で生活費が少なくて済む

まとめ	☐ 実質金利は物価上昇率を差し引いた金利のこと ☐ 名目金利だけでは本当のお金の価値は計れない

Part 2 金利の基本の「き」を理解する

● Column

金利を規制したローマ帝国の今に続く教訓

古代ローマでは、金利が経済活動に欠かせない要素である一方、その乱用が社会問題を引き起こすこともあったため、厳しい規制が行われました。これらの規制は主に、債務者を保護し、不公平な金利設定による搾取を防ぐことを目的としていました。

紀元前450年頃に制定された「十二表法」では、年利約8%（解釈によって諸説ある）が上限と定められました。しかし、高金利が社会不安を助長したため、紀元前4世紀頃には年利を6%に引き下げる規制が加えられました。これにより、貸し手の利益と債務者の負担のバランスを図ろうとしました。

さらに、ローマ帝国後期には、金利そのものを禁止する動きが見られました。たとえば、キリスト教が広まるなかで利息を取る行為が聖書の教えに反すると考えられ、金利を非道徳的なものとして扱う風潮が強まりました。皇帝ユスティニアヌス1世（6世紀）は、「ローマ法大全」を編纂するなかで、特定の条件下での金利を制限し、不正な貸し付けを防止する法体系を整備しました。

ローマの金利規制は、経済活動を抑制するのではなく、不正行為や社会的混乱を防ぐ目的が中心でした。また、職業や貸し付けの用途によって異なる金利が適用される場合もあり、商人間の短期取引では比較的高い金利が容認される一方、一般市民を対象とした貸し付けではより低い利率が求められました。

金利の上限や貸し手と借り手の公平性を重視する考え方は、現代の金融政策にも影響を与えているといわれています。こうした金利をめぐる考え方は、ローマ帝国時代から現代に脈々と続く教訓といえるかもしれません。

THE BEGINNER'S GUIDE TO INTEREST RATES

Part

3

金利にはとてつもない
力が秘められている

「単利」と「複利」
の違いを理解する

015 THE BEGINNER'S GUIDE TO
INTEREST RATES

当初の元本にのみ利子がつく「単利」

● シンプルな計算で求められる「単利」の仕組み

「単利」とは、当初の元本に対してのみ利子がつくのが特徴です。右ページのグラフのように、元本に対して発生する利子は、年数に比例して直線的に増加します。その計算式は以下のようになります。

単利の利子の合計 = 元本 × 年利率 × 時間（年数）

たとえば、元本が100万円で年利5%の場合、1年後に発生する利子は5万円、2年後も同じく5万円です。毎年5万円を受け取りながら100万円を運用するイメージです。5年間預ければ、毎年発生する利子は5万円（=100万円×5%）ですから、5年間の合計利子は5万円×5年＝25万円です。実際に銀行に預金した場合は、受け取った利子に対して一律20.315%（所得税・復興特別所得税15.315%、地方税5%）が課税されますが、ここではわかりやすくするため税金については考慮しません。

「単利」は短期間の資産運用商品や単利型の定期預金や国債などで採用されていますが、長期運用を前提とした商品では次の項目で紹介する**「複利」**が主流です。単利は計算がわかりやすく、定期的に受け取る利子を自由に使えるのがメリットです。しかし、42ページで説明する**複利に比べて、運用期間が長くなればなるほど、利子の総額が少なくなるデメリットがあります。**そのため、長期的に資産を運用することを前提にする場合は、圧倒的に「複利」のほうが有利です。しかし、長期的に運用する必要がない場合は、受け取った利子を自由に使える単利のほうが使い勝手がいい場合もあります。

▶ 金利計算の基本中の基本「単利」とは？

5年間の利子の合計＝25万円

利子を毎年受け取るので元本は一定のまま
➡ 毎年の利子は一定で変わらない

主な単利の金融商品

単利型の定期預金、国債の一部など

まとめ	□ 単利は元本にのみ利子がつく仕組み □ 期間が長くなるほど、複利に比べて受取利子が少なくなる

Part 3 「単利」と「複利」の違いを理解する

016 THE BEGINNER'S GUIDE TO
INTEREST RATES

元本＋利子に利子がつく
「複利」

● 味方につけると心強い「複利」の力

「複利」とは、運用で得た利益を元本にプラスして再投資して利子が計算される仕組みを指します。時間の経過とともに元本に利子が加わり、その合計額にさらに利子がつくため、単利に比べて運用益が大きくなります。複利で得られる n 年後の利子は以下のような計算式で求められますが、自分で計算するのは面倒なので、インターネットで複利計算のサイトを利用すると便利です。

複利の利子の合計 = 元本 × (1 ＋年利率)^n −元本

たとえば、元本 100 万円を年利 5％で 5 年間運用する場合、1 年後の元本は 105 万円になり、2 年目にはその元本に対して 5 万 2,500 円の利子が発生します。このように利子が元本に加算され続け、5 年後には合計 27 万 6,282 円になります。単利（P.40）の場合は合計 25 万円でしたから、2 万 6,282 円も多くなるのです。

複利は、運用期間が長いほどその効果が大きくなるのが特徴です。44 ページで複利と単利の差について説明しますが、5 年ではなく 20 年や 30 年といった長期間になるほど、利子の累積効果により元本が大きく増えていきます。このため、複利は長期的な資産運用や投資に適しているとされています。**ポイントは、預金や投資信託で得た利子や利益を再投資して元本を増やしていくこと**です。

一方、借り入れの場合、複利の力が逆に作用します。たとえばクレジットカードのリボルビング払い（リボ払い）では、返済が少ないと元本に利息が加算され続けるため、借金が雪だるま式に増える「逆複利効果（P.72）」が生じるので注意が必要です。

お金がお金を生むといわれる「複利」とは?

5年間の利子の合計 = 27.7万円

元本に利子を追加するので元本が増える
→ 元本の増加にともない利子が増えていく

主な複利の金融商品

複利型の定期預金、分配金再投資型の投資信託など

まとめ
- 複利は長期運用で大きな利益を生む仕組み
- 借り入れ時は、複利の力が逆に働く「逆複利効果」に注意

017

THE BEGINNER'S GUIDE TO
INTEREST RATES

「複利×時間」の絶大な力を
理解する

●「複利×時間」の力を最大限に活用する方法

　「複利」の最大の特徴は、時間を味方につけることで、その効果が飛躍的に大きくなる点です。複利は元本に加え、これまでに発生した利子にも新たな利子がつくため、運用期間が長くなるほど資産の増加スピードは加速します。この**「複利×時間」の力を理解することは、資産形成を考えるうえで極めて重要**です。

　まず、元本100万円を年利5％で運用した場合の単利と複利の差を見てみましょう。右ページのグラフのように10年後よりも20年後といったように運用期間が延びるほど資産額の差は広がり、30年後にはその差が182万1,942円にもなります。

　次に投資期間の差についても見てみます。100万円を年利5％で20年運用する場合と30年運用する場合で見ると、単利では50万円の差です。一方、複利では166万8,644円の差が生じます。この差は経過した時間が長いほど大きくなります。時間の力を生かすためには、早くから運用を始めたほうが有利になることがわかります。

　さらに、複利の効果を十分に引き出すためには、運用期間中に元本を減らさないことです。途中で資産を引き出したり、運用を中断すると効果が弱くなるため、複利の恩恵を十分に得られなくなります。当然のことながら、運用する金融商品は長期にわたって安定した収益を得られるものを選ぶことが大切です。

　小さな元本でも長期にわたる運用で大きな資産を形成できる可能性を秘めている　「複利×時間」の力を生かせるか、そうでないかは資産運用の成否を握る大切な要素のひとつです。

単利と複利の運用成果の差を見てみよう!

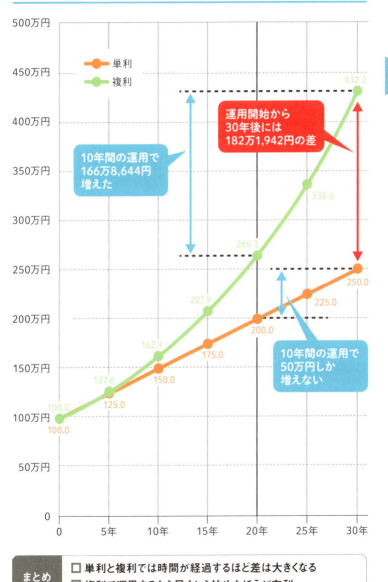

まとめ	□ 単利と複利では時間が経過するほど差は大きくなる □ 複利で運用するなら早くから始めたほうが有利

018 THE BEGINNER'S GUIDE TO
INTEREST RATES

複利の力が簡単に実感できる「72の法則」

● 借金の危険性を知るツールとしても使うことができる

　「72の法則」とは、複利で運用するとお金がどれくらいの期間で2倍になるかを簡単に計算できる方法です。以下の簡単な計算式でお金が2倍になるまでのおおよその年数を計算できます。

　複利で運用して2倍になるまでの年数 ≒ 72 ÷ 年利

　たとえば、年利6%であれば、72 ÷ 6 = 約12年、年利3%であれば、72 ÷ 3 = 約24年といった具合です。ただし、右ページの表のように、厳密な計算ではないため、実際に2倍になる期間とは多少の誤差が発生する点には注意が必要です。

　一方、単利では元本にしか利子がつかないため、増加スピードは一定です。たとえば、元本100万円を年利6%で運用した場合、複利では12年後に2倍の200万円になりますが、単利では12年後に172万円にしかなりません。さらに30年後には、複利で574万円、単利では280万円程度と、大きな差が生じます。

　また、72の法則は投資だけでなく、借金においても応用できます。たとえば、クレジットカードのリボ払いなど高い金利がかかる場合、この法則を用いることで、負債が急速に増える危険性を直感的に把握できます。このように、「72の法則」は複利の強さを理解するだけでなく、効率的な資産運用や無駄な借金を防ぐための有効なツールとしても活用できます。

　単利と複利の違いを理解し、複利の力を生かすことで、将来の資産形成をより有利に進められます。複利の効果を味方につけた資産形成は、あなたの未来を豊かにする重要な一歩となるでしょう。

46

● 資産が2倍になるのに必要な期間が簡単にわかる「72の法則」

> **72の法則（複利の法則）**
>
> 元金が2倍になるのに必要な年数≒
> # 72÷年利

▶ もし定期預金の金利が1%だったら……

72÷1（%）= 元本は約72年で2倍に

▶ 2025年1月現在の普通預金の金利0.1%なら……

72÷0.1（%）= 元本は約720年で2倍に

Part 3

「単利」と「複利」の違いを理解する

● 72の法則と実際の年数の違い

年利（%）	「72の法則」による年数	実際の年数	年利（%）	「72の法則」による年数	実際の年数
0.01	約7,200	6931.8	2.00	約36	35.0
0.05	約1,440	1386.6	3.00	約24	23.4
0.10	約720	693.5	4.00	約18	17.7
0.50	約144	139.0	5.00	約14.4	14.2
1.00	約72	69.7	10.00	約7.2	7.3

まとめ	□「72の法則」で、資産が2倍になる期間が簡単にわかる □ ただし、「72の法則」はおおよその期間しかわからない

019
THE BEGINNER'S GUIDE TO
INTEREST RATES

「将来価値」と「割引現在価値」の
関係について考える

● 金利が教えるお金の価値：将来価値と割引現在価値

　100年前の1925年当時、食堂のカレーライスは10銭程度でしたが、現在では800円程度します。言い換えれば、昔の10銭と現在の800円は同じ価値ということです。目の前にある100万円と100年後の100万円では直感的に「価値が違う」とわかりますが、現在と5年後の100万円では、どれぐらい価値が違うのでしょうか。

　その問いに答えるのが「将来価値」と「割引現在価値」で、右ページのような式で表されます。カギになるのは「金利」です。

「将来価値」とは「現在のお金を将来に受け取ったときの価値」のことです。一方の「割引現在価値」とは、「将来、受け取る見込みのお金を現時点で受け取ると仮定した価値」のことです。

　たとえば、銀行の預金金利が1%の場合、今すぐ100万円を受け取って銀行に預ければ、5年後には105万1,010円になります。これが「将来価値」です。一方で、5年後の100万円を現在の価値に換算すると、95万1,466円になります。これが「割引現在価値」です。つまり、すぐに100万円を受け取って運用を始めるほうがより多くの価値を得られる合理的な判断といえます。

　ちなみに「値引き」と「割引」は似ていますが、意味が異なります。「値引き」はその場で商品の価格を安くすることで、時間的な要素を考慮しません。一方、「割引」は金利や時間の経過を考慮して将来の金額を現在の価値に換算する概念です。この違いを理解することで、投資や借金の計画を立てる際に、より正確な判断ができるようになります。

● 将来価値の求め方

将来価値 ＝
現在の価値 ×（1＋ 年利率）^{n}

n＝年数

● 現在100万円を年利1%で5年間運用した場合、
将来価値は次のように計算できる。

将来価値 ＝
100万円 ×（1＋0.01）^{5} ＝ 105万1,010円

金利を考慮すると……

「現在の100万円」と「5年後の105万1,010円」は同じ価値！

● 割引現在価値の求め方

割引
現在価値 ＝ $\dfrac{\text{将来受け取る金額}}{（1＋ 年利率）^n}$

n＝年数

● 将来5年後に100万円を受け取る場合、
年利1%の金利がつくとき、割引現在価値を次のように計算できる。

割引
現在価値 ＝ $\dfrac{100万円}{（1＋0.01）^5}$ ＝ 95万1,466円

金利を考慮すると……

「5年後の100万円」と「現在の95万1,466円」は同じ価値！

まとめ	☐ 同じ額面でも「現在」と「将来」では価値は同じではない ☐ 割引現在価値と将来価値を理解して賢くお金を運用しよう

Part
3

「単利」と「複利」の違いを理解する

49

● Column

金利を批判した哲学者アリストテレス

　古代ギリシャの哲学者アリストテレス（紀元前 384 〜 322 年）は、「お金がお金を生む」という考え方に異議を唱えたことで知られています。この批判は、現代においても示唆に富んでいます。

　当時のギリシャ社会では、金利は商業活動に欠かせないものでした。たとえば、商人は船や商品の購入資金を借り、遠くの都市で貿易を行っていました。貿易には嵐や海賊などの危険がともなったため、貸し手はそのリスクを考慮し高めの金利を設定していました。一方で、アリストテレスはこうした金利の仕組みに疑問を抱き、「金利は自然界の原則に反する」と批判しました。

　彼は著書『政治学』『ニコマコス倫理学』で、「お金はモノやサービスを交換するための道具であり、それ自体で新しい価値を生み出すことはない」と述べています。土地や労働は価値を生む一方で、お金そのものは増えないため、金利を「不自然」とみなし、倫理的にも問題があると主張しました。また、金利が貧しい人々に過剰な負担を強いることが多かったため、社会の不平等を助長し、共同体の調和を乱す「貪欲」の象徴ともみなしたのです。

　この考えはその後の思想や宗教にも影響を与えました。中世ヨーロッパでは、「利子を取る行為は聖書の教えに反する」とされ、キリスト教徒に金利を禁じる動きが広まりました。しかし、金融業は経済活動に欠かせないため、その役割を異教徒相手に金利を取ることを許容されていたユダヤ教徒が担うようになっていったのです。

　金利は経済の中核を担う仕組みですが、彼の批判は金利が社会に与える影響を考える新たな視点を今も提供してくれています。

THE BEGINNER'S GUIDE TO INTEREST RATES

金利の力を生かして
「貯める」「借りる」「増やす」

日常生活で役に立つ
「金利」の基礎知識

020 THE BEGINNER'S GUIDE TO INTEREST RATES

銀行の預金金利の決まり方

● 銀行預金に連動するもとになる金利を知っておこう

　銀行の預金金利は、適当に決まっているわけではなく、中央銀行の政策や経済状況に大きく影響を受けています。日本では日本銀行がコントロールする政策金利（無担保コールレート、P.102）が普通預金や1年以内の定期預金の金利に影響を及ぼします。簡単にいえば、**普通預金や1年以内の定期預金の金利は、日銀が政策金利を下げれば下がり、政策金利を上げれば上がります。**

　1年を超える期間の定期預金の金利は、長期金利（10年物国債利回り、P.106）の影響を受けて変動します。この金利は、第6章で説明しますが、国内の景気や物価などさまざまな要因で変動します。預入期間が決まっている定期預金は銀行にとって安定的な資金源になるため、普通預金よりも金利が高くなるのが一般的です。

　近年ではインターネット専業銀行が店舗を持つメガバンクなどよりも高い金利を提示するのが一般的になっています。店舗を持たず低コストで経営を行えるため、高い金利を提示できるのです。

　銀行は誰かにお金を貸し出し、他の誰かに預金という金融商品を提供しています。その際、銀行が貸出先から得る金利（貸出金利）と、預金者に支払う金利との差である「利ざや」が利益の源泉になります。預金金利を高く、貸出金利を低く設定すれば多くの顧客を引きつけられますが、やりすぎれば収益を圧迫するため、銀行は利ざやのバランスをどうするかを求められます。ただ、低金利が続く日本では貸出金利も預金金利も低いため、銀行にとっての利益の源泉である利ざやがほとんど得られない状態が続いています。

預金金利に影響を与える指標

●普通預金・1年以内の定期預金に影響を与える金利
《無担保コールレート（政策金利）》

日本銀行がコントロールする政策金利。金融機関同士で貸し借りをする短期金融市場において、無担保で借りて翌日には返す場合に適用される金利のこと→P.102

2025年1月末現在の金利　0.50%

●1年超の長期間の定期預金金利に影響を与える金利
《10年物国債利回り（長期金利）》

長期金利の代表的な指標となる「10年物国債の利回り」が1年超の定期預金の金利に影響を与える。国内の景気や物価などさまざまな要因で変動する。→P.106

2025年1月末現在の金利　1.250%

銀行は預金金利と貸出金利の「利ざや」が主な収入源

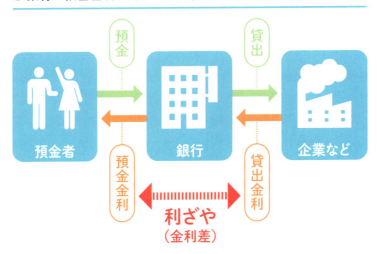

まとめ
- □ 預金金利は政策金利や長期金利の影響を受ける
- □ 貸出金利と預金金利の差（利ざや）が銀行の利益になる

定期預金を続けるならどっち？
「元金自動継続」と「元利自動継続」

◎ 長期で増やしたいなら「元利継続」のほうがいい

　定期預金を預け入れるとき、満期後にそのまま継続して預けるなら、「元利自動継続」または「元金自動継続」のどちらかを選ぶ必要があります。満期時に元本と利息をどのように扱うかを決める方法で、選び方によって運用の結果が変わってきます。それぞれの特徴を理解し、自分の目的に合った方法を選ぶことが大切です。

　「元金自動継続」は、満期時に元本のみを新しい定期預金の元本として再び預け入れ、利子を普通預金で受け取る方法です。普通預金で受け取ることで自由に使えるため、生活費に充てることなどに活用できます。しかし、複利効果は得られないため、長期的に資産を増やす目的にはあまり向きません。

　一方、**「元利自動継続」は、満期時に元本と利子を合算し、その合計金額を新しい定期預金の元本として再び預け入れする方法**です。この方法を選ぶと、元本だけでなく利子にもさらに利子がつく「複利効果」を得られます。長期間運用するほど、この効果は大きくなり、資産を効率的に増やすことが可能です。今後、定期預金の金利がさらに上昇すれば、その差はますます大きくなります。なお、満期時に利子を受け取れないため、利子を生活費などに充てたい人には不向きといえます。

　これらの違いを踏まえると、利子を活用して生活費や他の用途に充てたい場合は「元金自動継続」、資産を長期的に運用し、効率よく増やしたい場合は複利効果を生かせる「元利自動継続」が向いています。自分のライフスタイルに合わせて判断することが大切です。

▶ 元金自動継続の仕組み

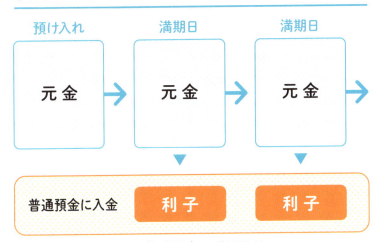

● 満期日ごとに利子を普通預金で受け取る

▶ 元利自動継続の仕組み

● 利子を元金に加えることで新たな元金が増えるので、複利効果が期待できる

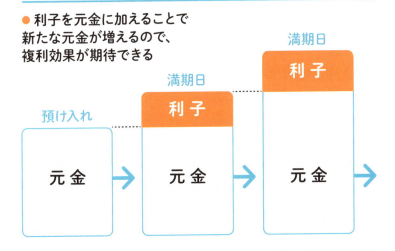

| まとめ | □ 利子を受け取りたいなら「元金自動継続」を選ぶべき
□ 資産をより増やしたいときには「元利自動継続」を選ぶべき |

022 THE BEGINNER'S GUIDE TO
INTEREST RATES

住宅ローン金利の決まり方

● 変動金利と固定金利で金利の決まり方が異なる

　住宅ローンの金利は、いくつかの要因が組み合わさって決まります。借り入れ時に自分に合った選択をするために、その基本的な仕組みを理解しておくことは大切です。

　住宅ローンには大きく分けて「固定金利型」と「変動金利型」の2種類があります。**契約時に決定した金利が返済期間中ずっと変わらない「固定金利型」は、「長期金利（10年物国債の利回り、P.106）」を参考にしながら設定されます。**

　一方、**「変動金利型」は、日本銀行が決定する「政策金利」の影響を受ける「短期プライムレート（銀行が優良企業に貸し出す際の基準金利）」に基づいて決まります。**ちなみに日銀が2024年7月に0.25%の利上げをしたのを受け、約15年半ぶりに短期プライムレートは1.475%から1.625%へ上昇しました。

　また、各金融機関は基準金利に利益となる部分を上乗せする「上乗せ金利（スプレッド）」を設定しますが、顧客獲得をめぐって金融機関の熾烈な金利引き下げ競争が行われています。

　さらに、借り手の返済能力が高いと判断される場合には金利が低くなり、逆に返済能力が低いと判断される場合には、金融機関がリスクをカバーするために高い金利が設定されることもあります。

　このように住宅ローン金利は、固定金利と変動金利で異なる基準で設定され、市場の動き、金融機関の方針、そして借り手の状況によって決定されます。以降でそれぞれの金利の特徴を説明していくので自分に合った選択をすることが大切です。

● 住宅ローンの決まり方

	変動金利	固定金利
基準になる金利	短期 プライムレート	長期金利 （10年物国債 の利回り）
影響するもの	日銀の金融政策 （→P.122）	市場における 国債の動向 （→P.110）
特徴	日銀が政策金利を 上げると、1〜2カ 月後に変動金利が 上がる	10年物国債の利回 りが上昇すれば、そ の1〜2カ月後には 固定金利が上がる
金利に影響を 与える要素	コストやライバル銀行の動向 借りる人の信用力や返済能力	
2025年 1月1日時点の 住宅ローン金利 （三菱UFJ銀行の 場合）	0.345%〜0.425%	2.10%〜2.18% （全期間固定 31〜35年）

Part
4

日常生活で役に立つ「金利」の基礎知識

住宅ローンの変動金利と固定金利は
異なる基準で決まる！

まとめ	□ 固定金利は長期金利、変動金利は政策金利に連動する □ 住宅ローン金利は市場や金融機関の方針で変動する

「固定金利型」住宅ローンの メリット・デメリット

◉ 将来の安心感を優先したい人に適した「固定金利型」

住宅ローンの**固定金利型は、契約時に決まった金利が返済終了まで変わらない仕組みです。最大のメリットは、毎月の返済額が一定であることです。**景気の変動や金利の上昇を気にする必要がないため、長期的な資金計画を立てやすくなります。とくに低金利のタイミングで契約をすれば、将来金利が上がった場合でも返済額が変わらないため、大きな安心感があります。

一方で、デメリットもあります。それは変動金利型よりも金利が高いことです。同じ借入額でも、固定金利型のほうが毎月の返済額が多くなるため、家計への負担が大きくなります。また、のちに市場金利が下がっても、固定金利型ではその恩恵を受けられません。「今後、金利が下がる可能性が高い」と予想される場合は、変動金利型のほうが総支払い額が少なく済む可能性があります。

さらに、固定金利型は借り入れ可能額にも影響を及ぼします。金融機関は「毎月この返済額を支払えるかどうか」を基準に融資額を決定しますが、固定金利型は変動金利型よりも金利が高いぶん、借りられる金額が少なくなる場合があります。そのため、購入予定の物件が予算ぎりぎりの場合、変動金利型では借りられるのに固定金利型では借りられない、というケースも考えられます。

固定金利型は、安定性を重視したい人や将来の金利上昇リスクを避けたい人に適した選択です。ただし、借り入れ時点で変動金利型より金利が高く、毎月の返済額が多くなるほか、借り入れ可能額が少なくなる可能性もあることを理解しておきましょう。

「固定金利型」の住宅ローンのイメージ

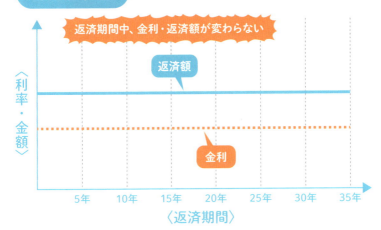

メリット
- 借入当時に金利が低ければ、のちに市場金利が上昇しても返済額が増加しない
- 借入時に返済額が確定するため、返済計画が立てやすい
- 今後の金利上昇が見込まれるときに有利

デメリット
- 金利が高いときに借りると、高い金利を払い続けなければいけなくなる
- 借入当時に金利が高い場合、のちに市場金利が低下しても返済額は減らない
- 変動金利型より金利が高く設定されている
- 変動金利型より借りられる額が少なくなる

まとめ
- ☐ 毎月の返済額が一定で、金利上昇リスクを避けたい人向き
- ☐ 変動金利型より金利が高いのがデメリット

「変動金利型」住宅ローンの
メリット・デメリット

● 金利が大幅に上昇すると元本が減らない可能性もある

　変動金利型の住宅ローンは、市場金利の動向に応じて金利が見直される仕組みです。通常、半年ごとに金利が見直され、返済額の変更は5年ごとに行われます。この仕組みには、メリットとデメリットがあり、正しく理解することが重要です。

　最大のメリットは、固定金利型よりも金利が低く設定される点です。初期の返済額を抑えやすく、同じ借入額でも毎月の返済負担を軽減できます。また、市場金利が低水準で推移すれば、総支払い額を大幅に抑えられる可能性があります。

　一方、**デメリットは金利上昇による返済額の増加リスク**です。たとえば、借入金額3,000万円を35年返済、元利均等返済（P.62）とした場合、金利が1%から3%に上昇すると、毎月の返済額は約8万5,000円から約12万7,000円に増加します。このように金利が上昇すると、家計に大きな負担をもたらす可能性があります。

　変動金利型には金利が上昇した場合でも5年間は毎月の返済額を一定に抑える「5年ルール」、返済額の見直し時に急激な増加を抑えるため、毎月返済額を見直し前の1.25倍までに制限する「125%ルール」があります。元本より利息の返済が優先されるため、金利が大きく上昇すると利息が大きく増え、返済しても元本が減らないどころか未払い利息が発生する可能性もゼロではありません。

　変動金利型は、初期コストを抑えたい人や金利変動リスクを受け入れられる人に適した選択ですが、返済中は金利動向に関心をもち、金利上昇を見越した資金計画を立てておくことが欠かせません。

▶「変動金利型」の住宅ローンのイメージ

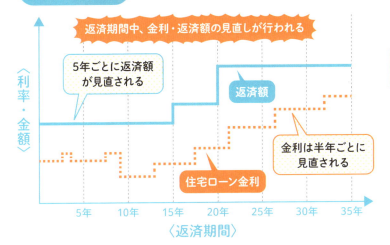

メリット	・返済中に金利が低下すると、それに合わせて適用金利が低下して返済額が減る ・固定金利型より低い金利が設定されている ・固定金利型より借りられる額が多くなる ・今後の金利が低下することが見込まれるときに有利

デメリット	・借入時に返済額が確定しないため、返済計画が立てにくい ・返済中に金利が上がると、返済額が増える ・金利が大きく上昇すると、返済しても元本が減らない状態になる可能性がある

まとめ	□ 変動金利型は将来の金利上昇に注意が必要 □ 最悪の場合、返済しても元本が減らない状態になる

025 THE BEGINNER'S GUIDE TO
INTEREST RATES

2つの返済方法「元利均等返済」と「元金均等返済」の違いとは？

● 自分に合った返済方法を見つけよう

　住宅ローンをはじめとするローンには返済方法が2つあります。**「元利均等返済」は、毎月、元金と利息の合計額が同額になるように返済していく方法**です。住宅ローンではこちらの返済方法が一般的です。元金が多い返済当初は、返済額のうち利息の割合が多くなるため、元金の減り方が元金均等返済に比べて遅くなります。返済が進むほど、毎月の返済額に占める利息の割合が減り、元金の割合が増える仕組みです。**完済まで毎月の返済額が一定なので返済計画が立てやすいのがメリット**です。

　一方の**「元金均等返済」は、毎月、同額の元金を返済していく方法**です。利息は残高に応じて計算されるため、初期の返済額は大きくなりますが、元金が減るにつれて利息が減少していくため、毎月の負担が徐々に軽くなっていきます。この方法は、当初の返済負担は大きくなりますが、**総返済額が元利均等返済より少なくなるのがメリット**です。金利が低いと返済方法の違いによる総返済額の差は大きくありませんが、金利が高くなるとその差は大きくなります。

　どちらを選ぶべきかは、収入の安定性や返済の負担感によって変わってきます。もしローン借入時に貯金の多くを頭金に充てて余裕がない場合は、当初の返済額が少ない元利均等返済を選んだほうが毎月の負担を軽減できます。当初の負担が大きくなっても総返済額を抑えたい人は、元金均等返済を選ぶといいでしょう。

　右ページにそれぞれの返済イメージと、メリットとデメリットをまとめているので、自分に合った返済方法を選ぶことが大切です。

62

● 元利均等返済と元金均等返済の違い

元利均等返済
● 借入額4,000万円　● 年利2.0%
● 35年返済の場合

毎月の返済額

初回の返済額
13万2,505円

利息

返済額が一定

元金

〈総返済額〉
5,565万2,100円
（うち利息分）
1,565万2,100円

返済期間

メリット	毎月の返済額が一定で当初の負担が軽い	デメリット	返済総額が元金均等返済より多くなる

元金均等返済
● 借入額4,000万円　● 年利2.0%
● 35年返済の場合

毎月の返済額

最終回の返済額
9万5,436円

初回の返済額
16万1,904円

利息

返済する
元金が一定

元金

〈総返済額〉
5,403万3,362円
（うち利息分）
1,403万3,362円

返済期間

メリット	返済総額が少ない。だんだん返済額が減る	デメリット	当初の返済負担が重くなる

まとめ	□ 安定性重視なら「元利均等」、総額重視なら「元金均等」 □ 住宅ローンでは「元利均等」を選ぶ人が多いといわれている

出典：三井住友銀行の住宅ローンシミュレーションを元に著者作成

Part
4

日常生活で役に立つ「金利」の基礎知識

026

THE BEGINNER'S GUIDE TO
INTEREST RATES

変動金利型から固定金利型への
借り換えはそれほど簡単ではない

◉ 返済額がアップする変動→固定の借り換えは悩ましい

　近年、金融政策や経済情勢の変化により、金利上昇の兆しが見られる状況が話題になっています。このため、変動金利型で住宅ローンを組む人々の間で、「将来的に返済額が増えるのではないか」と不安を抱くケースが増えています。なかには、「金利が上昇したら固定金利型に借り換えればいい」と考える人もいるかもしれません。

　しかし、実際に金利上昇局面に直面すると、借り換えにはいくつかの課題がともないます。とくに**固定金利型は変動金利型よりも先に金利が上昇する**ため、変動金利型が上昇したタイミングでは固定金利型の金利がさらに高くなっているからです。その結果、**「これ以上の変動金利のリスクをとるべきか」「固定金利型に借り換えて安心を得るべきか」というジレンマに直面**します。

　さらに、借り換えには諸費用が発生するため、たんに毎月の返済額を比較するだけではなく、総返済額を考慮したうえで判断しなければいけません。とくに金利上昇の可能性が高い場合は、判断を先送りしすぎると金利が上昇して借り換えがさらに難しくなる可能性があります。金利動向の予測は難しいですが、現状の経済情勢を踏まえ、自分の状況を考慮したうえで早めの判断・行動をすることも大切です。いずれにしろ、どちらが得かを考えてもはっきりとした答えはでません。最終的には「安心」を重視するか、「低金利」をとるか、自分にとって何が最適かを考えることです。

　もし不安なら、具体的に計算する各金融機関のシミュレーションツールを活用したり、専門家に相談するのもひとつの手です。

● 変動型から固定型の借り換えで起こるジレンマ

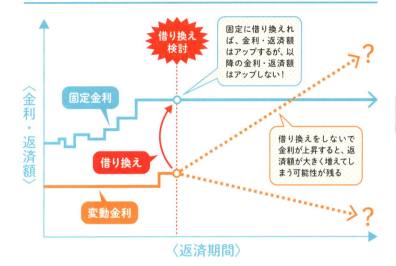

● 住宅ローンの借り換えにかかる諸費用の例

	費用名	内容	概算金額
借り換え前の費用	全額繰り上げ返済手数料	住宅ローン残債を一括で繰り上げ返済する手数料。元の借入先の金融機関に支払う	〜6万円
	登録免許税	元の金融機関用の抵当権抹消登記のための費用	2,000円
借り換え後の費用	保証料	住宅ローン返済が続けられなくなった場合、保証会社に代位弁済してもらうための費用	0〜40万円
	事務手数料	金融機関に支払う事務手続きの手数料	0〜40万円
	印紙税	住宅ローンの契約書に貼り付ける印紙代	2万円
	登録免許税	新たに抵当権を設定するための費用	2万円
	司法書士への報酬	登記の手続きのために司法書士へ支払う報酬	5万〜10万円
	火災保険料・地震保険料	マイホームにかける火災保険・地震保険の保険料 ※建物の構造や補償範囲、保険期間などに応じて金額が決まる	3万〜4万円程度

まとめ	☐ 金利の予測は困難なので慎重な判断が必要 ☐ 将来の安心を手に入れたいなら固定型への借り換えもあり

027 THE BEGINNER'S GUIDE TO INTEREST RATES

生命保険の
「予定利率」って何だ？

● よくある誤解：予定利率と銀行預金の金利は違う

　生命保険に加入する際、「予定利率」という言葉を耳にしますが、その意味を理解している人は少ないかもしれません。**「予定利率」は、保険会社の運用利回りの見通しで、これが高いと保険契約者から集めてくる保険料は少なくて済みます。**予定利率が高いと保険料が安くなるだけでなく、解約返戻金の額も増加し、解約返戻率（支払保険料総額に対する解約返戻金の割合）も上がります。一方、予定利率が低いと保険料は高くなり、契約者の負担が増加することになります。

　予定利率は加入時の金利動向に大きく影響されます。保険会社は国債利回りを参考にして国（金融庁）が定めた標準利率を基準に予定利率を決めています。2024年11月には生保最大手の日本生命が約40年ぶりに一部商品の予定利率を引き上げて話題になりました。契約者にとって予定利率は重要です。予定利率が上がれば同じ保障内容でも保険料が安くなりますから、金利動向によっては必要に応じて保険の見直しを検討してもいいかもしれません。

　そしてよくあるのが予定利率を銀行預金の金利のように考えてしまう誤解です。予定利率は契約者が支払った保険料から諸経費を差し引いた残額に対する利率で、銀行預金のように全額にかかりませんから、銀行預金の金利が年1％で、貯蓄性のある生命保険の予定利率が1.5％のときに生命保険が有利と考えるのは間違いです。そもそも生命保険は保障機能がある金融商品で、銀行預金のように現金化できませんから用途の違いを理解して考えることが大切です。

● 10年物国債利回りと予定利率（標準利率）の推移

※予定利率（保険期間20年超の場合）。1996年4月以降は標準利率を記載。

● 銀行預金の金利と予定利率の違いのイメージ

| まとめ | □「予定利率」は保険料と解約返戻金に大きく影響する
□ 生命保険の予定利率と銀行預金の金利は異なる概念 |

出典：日本銀行、金融庁

028 THE BEGINNER'S GUIDE TO INTEREST RATES

貸金業から借り入れるときの金利の上限は「15〜20%」

● 借り入れの上限金利は、年15%〜20%

貸金業者から借り入れる際の適用金利は「利息制限法」で上限が定められており、15 〜 20%の範囲内で設定されています。この法律は、借り手を過剰な利息負担から守ることを目的としています。

具体的には、貸付額が10万円未満の場合は「年20%」、10万円以上100万円未満で「年18%」、100万円以上は「年15%」が金利の上限です。貸付額が大きいほど金利の上限が低くなる仕組みです。利息制限法の上限を超えた金利を課す契約は無効となり、違反した場合は返済済み利息の返還を請求できます。

貸金業者が守らなければならないもうひとつの法律が「出資法」です。出資法では上限金利が年20%に設定されており、これを超える利息を課した場合、刑事罰と行政処分の対象になります。

「出資法」は金利超過を取り締まる法律であり、利息制限法は借り手を保護する法律といえます。かつては出資法の上限金利（法改正前は29.2%）が利息制限法の上限を超えていたため、20 〜 29.2%までの金利は「グレーゾーン金利」として社会問題になりました。テレビCMなどでよく耳にした「過払い金請求」は、法改正前に消費者金融などにグレーゾーン金利を支払った人がその利息を取り戻すための手続きです。しかし、現在は法改正によって、両者が統一され、法律上の混乱は解消されています。

法律の範囲内の利息とはいえ年15 〜 20%でお金を借りると負担が大きくなります。契約内容を十分に確認し、返済能力を超えない範囲で利用することが重要です。

● 貸金業者とは?

財務局または都道府県に登録をしているお金を貸し付ける業務に特化した業者のこと。「ノンバンク」とも呼ばれる。預金を受け入れる銀行や信用金庫、信用組合、労働金庫も融資を行うが「貸金業者」には該当しない。ノンバンクは「貸金業法」の対象で、銀行は「銀行法」の規制を受ける。

貸金業者（ノンバンク）
- 消費者金融
- クレジットカード会社
- 信販会社
- 事業金融会社
- 抵当証券会社
- リース会社　など

ノンバンク以外の金融機関
- 銀行
- 信用金庫
- 信用組合
- 労働金庫
- 農業協同組合
- 証券会社　など

● 法改正で是正された「グレーゾーン金利」

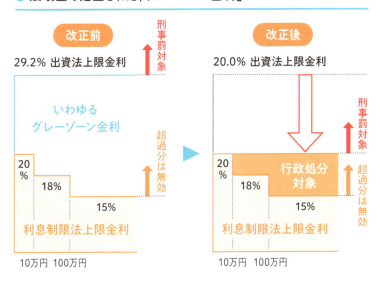

まとめ
- □ 借り入れの上限金利は15〜20％と法律で決まっている
- □ 貸金業者は預金を受け入れず、貸し付けに特化した業者

出典：日本貸金業協会

029 THE BEGINNER'S GUIDE TO
INTEREST RATES

クレジットカードなどで目にする「実質年率」とは?

◉ 実質年率は、金利に手数料などを含めた実質上の金利

　クレジットカードやキャッシングを利用すると目にする「実質年率」は、利息だけでなく事務手数料や保証料なども含めた総コストを年率で示したものです。ただの「表面金利(名目金利)」とは異なり、実際の支払い額を反映した指標です。

　たとえば、クレジットカードでは1回払いや2回払い、ボーナス一括払いは手数料がかかりません。しかし、ボーナス2回払いやリボ払いを利用すると、かなり高い分割手数料が発生します。

　クレジット会社によって分割手数料の額は異なりますが、たとえば、某クレジットカードで分割払いを選択した場合、支払い回数は3回から24回まで選べ、右ページのように実質年率と手数料が変化します。この計算は複雑なので、インターネット上の計算ツールなどを活用して計算するのが一般的です。

　日本では、貸金業法により消費者がローンやクレジットを比較しやすいよう、実質年率の表示が義務付けられています。ただし、銀行の住宅ローンなど貸金業が適用されないものでは名目金利のみが表示されることが多く、事務手数料などの諸費用を考慮して総コストを確認することが重要です。

　お金を借りる際は、名目金利や実質年率だけでなく、返済期間や手数料を含めた総返済額を具体的に比較することが大切です。返済する総額を確認すれば、コストの違いを直感的に理解しやすくなります。

●「実質年率」とは?

実質年率 = **金利** + **その他の費用**

保証料、管理費、各種手数料など

● 某クレジットカード会社の分割手数料と支払い額の例

支払い回数	実質年率	利用金額100円あたり の分割払い手数料
3回	14.70%	2.46円
4回	15.64%	3.28円
5回	16.25%	4.10円
6回	16.68%	4.92円
10回	17.51%	8.20円
12回	17.69%	9.84円
15回	17.84%	12.30円
18回	17.90%	14.76円
20回	17.91%	16.40円
24回	17.88%	19.68円

《3回払いの支払い総額》
- 分割払い手数料:5万円×(2.46円÷100円)=1,230円
- 支払い総額:5万円+1,230円=5万1,230円

《10回払いの支払い総額》
- 分割払い手数料:5万円×(8.20円÷100円)=4,100円
- 支払い総額:5万円+4,100円=5万4,100円

《24回払いの支払い総額》
- 分割払い手数料:5万円×(19.68円÷100円)=9,840円
- 支払い総額:5万円+9,840円=5万9,840円

まとめ
- ☐ 実質年率は金利だけでなく、手数料を含む実際の負担割合
- ☐ 実質年率だけでなく、実際の支払い額も確認しよう

Part 4

日常生活で役に立つ「金利」の基礎知識

030 THE BEGINNER'S GUIDE TO INTEREST RATES

クレジットカードのリボ払いの怖ろしい「逆複利効果」

● 借金したときは、「複利」の力が逆に働いてしまう!

　毎月の支払い額が一定で済むクレジットカードのリボルビング払い（リボ払い）は、便利な支払い方法として利用されています。しかし、「逆複利」の仕組みを理解せずに使うと、返済がなかなか終わらず、総支払い額が雪だるま式に増えるリスクがあります。

　逆複利とは、借金の利息が元本に加算され、その合計にさらに利息がつくことで負債が加速度的に増加する現象です。リボ払いの手数料（利息）は年15〜18％と高く、毎月の返済額の大部分が利息に充てられ、元本がなかなか減りません。たとえば、100万円を年15％の手数料でリボ払いし、月々2万円ずつ返済する場合、1年間で24万円を支払っても元本は約9万円しか減りません。

　さらに、リボ払いの怖さは、返済中も利用可能額の範囲内で買い物を続けられる点にあります。新たな借り入れが加算され、元本の減少が遅れるため、悪循環に陥ることも少なくありません。また、「毎月の支払いが一定で安心」と考え、総返済額が増えていることに気づかないケースもあります。

　このような状況を防ぐためには、**リボ払いの仕組みを理解し、安易に利用しないことが大切です。**クレジットカード会社は頻繁にキャンペーンを行い、利用を促しますが、定期的に利用明細を確認し、可能な範囲で一括払いや繰り上げ返済をして元本を早めに減らすことが重要です。

　複利の力は借金をすると逆に作用します。リボ払いのリスクを理解し、賢い選択で将来の負担を減らしましょう。

▶ リボルビング払い（リボ払い）の手数料のイメージ

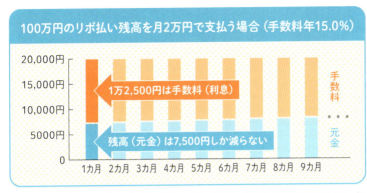

100万円をリボ払いで月2万円ずつ返済すると、完済まで6年7カ月（79回）かかる。初回の返済で2万円を支払っても元金は7,500円しか減らず、翌月は残金199万2,500円に利息がかかる。返済総額157万9,052円、利息総額57万9,052円に膨れ上がる。途中でリボ払いを追加利用すれば、元金が減るスピードはさらに遅くなる。

▶ 代表的なリボ払いの方式を知ろう!

定額方式 支払い残高の大きさに関係なく毎月一定額を支払う方式
例）毎月定額2万円コースを選んでいる場合

まとめ	□ リボ払いは逆複利効果で返済負担が増大する □ リボ払いの仕組みを理解し、安易な利用を避けることが重要

出典：日本クレジット協会ホームページを参考に著者作成

031 THE BEGINNER'S GUIDE TO
INTEREST RATES

知らないとまずい消費者金融の
「アドオン方式」とは？

> ● **見かけの金利と実質的な金利が異なるので要注意!**

「アドオン方式」は、消費者金融やローン契約で利用されることがある金利計算の方法のひとつです。利息を計算する際の仕組みが住宅ローンのような「元利均等返済」方式や「元金均等返済」方式（P.62）と異なります。この方式を理解せずにローンを組むと、予想以上に高い利息を支払うことになります。

アドオン方式は、借入額（元本）全体に対して一定の金利を適用し、その利息総額を借入期間に分割して返済する仕組みです。

たとえば、12万円を年利10％で2年間借りた場合、12万円×10％×2年分で合計2万4,000円の利息が発生します。この利息を元本に加えた14万4,000円を24カ月で均等に返済します。

一見、アドオン方式は計算が単純でわかりやすいように思えますが、実際の負担は非常に重くなります。なぜなら、**通常、返済が進むにつれて元本が減り、それに応じて利息負担も軽くなりますが、「アドオン方式」ではそれがない**からです。

また、アドオン方式で示される「金利」は見かけ上のものです。元利均等返済をした場合の実質年率に直すと、右ページのように年18％以上になるのです。

なお、現在は規制が進み、貸金業者（ノンバンク）の提供するカードローンについては、実質年率での表示が義務付けられています。しかし、一部の消費者金融やショッピングクレジットではいまだにアドオン方式が使われている場合もあるので、契約時にはチェックするようにしましょう。

●「アドオン方式」と一般的な「元利均等返済方式」の比較

返済回数	アドオン方式／年率10%			元利均等返済方式／年率10%		
	返済額	うち元本分 / うち利息分	元本残高	返済額	うち元本分 / うち利息分	元本残高
1	6,000	5,000 / 1,000	115,000	5,537	4,537 / 1,000	115,463
2	6,000	5,000 / 1,000	110,000	5,537	4,575 / 962	110,887
3	6,000	5,000 / 1,000	105,000	5,537	4,613 / 924	106,274
4	6,000	5,000 / 1,000	100,000	5,537	4,652 / 885	101,622
5	6,000	5,000 / 1,000	95,000	5,537	4,691 / 846	96,932
⋮						
20	6,000	5,000 / 1,000	20,000	5,537	5,312 / 225	21,696
21	6,000	5,000 / 1,000	15,000	5,537	5,357 / 180	16,339
22	6,000	5,000 / 1,000	10,000	5,537	5,401 / 136	10,938
23	6,000	5,000 / 1,000	5,000	5,537	5,446 / 91	5,492
24	6,000	5,000 / 1,000	0	5,537	5,492 / 45	0
総額	144,000	120,000 / 24,000		132,897	120,000 / 12,886	

アドオン方式の総支払額が 1万1,114円 も多い。
元利均等返済方式換算で年利は約18.2%！

まとめ
☐ アドオン方式は見かけ以上に負担が大きくなるので要注意
☐ 借り入れ時にアドオン方式かどうかを確認しておく

Part 4 日常生活で役に立つ「金利」の基礎知識

税金を滞納すると、驚くほど高い利息がかかる!

○ 税金の罰則には高い利率の罰則が科される!

　税金を期限内に納めなかったり、適切に申告しないと追加的な負担として「附帯税」が課されます。きちんと納税しないと思わぬ出費を招くため注意が必要です。主に以下の附帯税があります。

①**過少申告加算税**……確定申告は期限内に済ませたものの、少なく申告した場合のペナルティです。追加本税の10%が課税されますが、この金額が期限内申告税額と50万円のどちらか多いほうの金額を超える部分については、5%加算されて課税されます。

②**無申告加算税**……申告期限までに申告書を提出せず、納付すべき税金があった場合に課されるペナルティで、納付すべき税金のうち50万円までは15%、50万円超の部分には20%が課税されます。税務署からの指摘前に自主的に納付した場合は5%に軽減されます。

③**不納付加算税**……源泉徴収した所得税を納付期限内に支払わなかった場合に納付すべき税金の10%が課税されます。税務署から指摘される前に自主的に納付した場合には5%に軽減されます。

④**重加算税**……仮装や隠ぺいなどの不正行為があった場合に適用されるもので、他の加算税よりも厳しいペナルティです。ペナルティとして35%〜40%が課税されます。

⑤**延滞税**……納付期限を過ぎた場合に日割りで計算されます。期限から2カ月以内は年7.3%と基準金利+1%の低いほう、2カ月を超えると14.6%と基準金利+7.3%の低いほうが適用されます。

　税金を適切に納めないと、かなり高い金利で計算される附帯税が課されます。期限内の申告と納税を心がけましょう。

● 主な附帯税と罰則的課税の割合

		税目	課税要件	課税割合
附帯税	加算税	① 過少申告加算税	申告期限内に提出された申告書に記載された金額が過少だった場合	・10% ・50万円を超える部分→15%
		② 無申告加算税	①申告期限までに申告書を提出しないで期限に申告する場合 ②申告があったあとに修正申告・更正があった場合	・自主的な期限後申告→5% ・50万円までの部分→15% ・50万円超300万円以下の部分→20% ・300万円超の部分→30%
		③ 不納付加算税	源泉徴収した所得税を期限内に支払わなかった場合	・納税額の10% ・自主的に申告した場合は5%
		④ 重加算税	①～③の加算税が課税される場合に、仮装や隠ぺいなど不正行為があった場合	・過少申告加算税の代わりに35% ・無申告加算税の代わりに40% ・不納付加算税の代わりに35%
	延滞税	⑤ 延滞税	国税を納付期限までに完納しない場合	・2カ月まで→年7.3%と基準金利に1%を加えた額（2026年まで年2.4%）のどちらか低いほう ・2カ月超→年14.6%と基準金利に1%を加えた額（2026年まで年8.7%）のどちらか低いほう

※基準金利とは……前年の銀行の新規の短期貸出約定平均金利に年1％分を加えた割合のこと

まとめ
- ☐ 税金をきちんと期限内に収めないと附帯税がかかる
- ☐ 附帯税の税率は最大40％（重加算税：無申告の場合）と高い

Part 4 日常生活で役に立つ「金利」の基礎知識

033 THE BEGINNER'S GUIDE TO INTEREST RATES

「利回り」からリスク・リターンの基本的原則を考える

●「ハイリスク・ハイリターン」に例外はない!

投資をする際、「利回り」はリスクとリターンを判断するための重要な指標です。**金利や利回りはリスクの高さに応じて変動します。** 安全性が高い投資対象ほど利回りは低くなり、リスクが高い投資対象では利回りが高くなる傾向があります。銀行の預金金利が低いのは、1,000万円までの元本とその利息が預金保険で保証されて安全だからです。一方で、株式投資は企業の業績や市場動向によって価格が変動するリスクが高いぶん、大きなリターンが期待できます。

日本政府が発行する国債は信用度が高く、金利は低めです。これに対し、企業が発行する社債や新興国の国債は、日本政府ほど信用度が高くないため、国債より高い金利に設定されることが一般的です。貸し手はリスクに見合うリターンを求め、借り手はそのニーズを満たす高い利回りを設定するということです。

利回りは「ハイリスク・ハイリターン」の原則を反映するため、高利回りの商品ほどリスクが高くなります。**世の中に、「ハイリスク・ローリターン」のうまい話はありません。**「年利15%保証」「月利3%保証」などといった魅力的な宣伝文句には要注意です。高い利回りの裏には必ず相応のリスクがあります。そのリスクを説明することなく、高い利回りだけを強調されている場合は、詐欺を疑ったほうが無難です。

リターンとリスクの原則を理解していれば、賢明で冷静な判断を下すことができますし、そもそも詐欺広告などにも惑わされることはなくなるはずです。

● 主な金融商品とリスク・リターンの関係

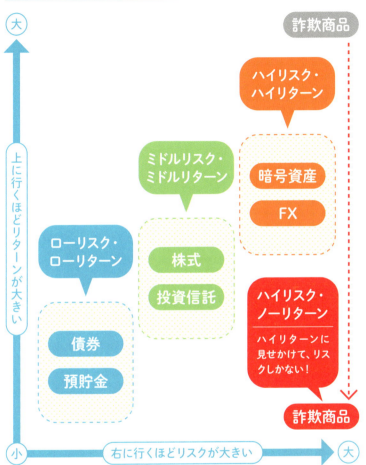

**ノーリスク・ハイリターンは絶対にない。
あまりにも高い利回りは詐欺の可能性大！**

まとめ	☐ リターンが大きい金融商品は、必ずリスクも大きい ☐ リターンが小さい金融商品は、そのぶんリスクも小さい

魅力的な高利回りは疑わないと痛い目に遭う

● 増える金融詐欺に要注意! リスクとリターンは表裏一体

投資や資産運用を検討していると、「高利回り」「高配当」をうたった金融商品や投資案件に出会うことがあります。しかし、一般的な投資商品と比べて異常に高い利回りをうたっている場合、それに見合うだけのリスクが潜んでいると考えるべきです。

また、高利回りをうたう案件には詐欺も少なくありません。たとえば、「ポンジ・スキーム」と呼ばれる手法は、新たな投資家から集めた資金を既存の投資家への配当に充てることで「高配当が続いている」という錯覚を与えます。しかし、新たな投資家が集まらなくなると破綻し、多くの被害者を生む結果になります。

そして、基本的な姿勢として、たとえ**魅力的な利回りでも、仕組みが複雑で内容が理解できないような金融商品には手を出すべきではありません。**

近年、話題になっている SNS を使った投資詐欺は、注意喚起が行われた効果もあり減少傾向ですが、依然、多くの人が被害に遭っています。投資詐欺は「ローリスク・ハイリターン」の投資話をエサに「楽して確実に儲けたい」と考える人の興味を引こうとします。しかし、そんなうまい話はありません。**ローリスク・ハイリターンをウリにした話はすべて「ウソ」と思ったほうが無難**です。

大きなリターンが期待できるほど、リスクは高くなる——これは絶対的な原則です。少しでも不安を感じたら自分ひとりで判断せず、金融庁の相談窓口や専門家の意見を求めるなど、立ち止まって冷静な判断をするように心がけましょう。

● SNS型投資詐欺の被害発生状況（2023年1月〜2024年11月）

● 投資詐欺に引っかからないための5つの心得

❶ ローリスク・ハイリターンのおいしい話はないことを肝に銘じる
❷ 投資の勧誘をされたときは第三者に相談する
❸ 情報の信頼性を必ずチェックするクセをつける
❹ 情報の真偽を見抜ける知識を身につける
❺ 「楽して確実に儲けたい」という気持ちを捨てる

投資詐欺に引っかかる人は、
❶〜❺のすべてまたは一部ができていない！

まとめ	□ リスクとリターンは比例することを頭に入れておこう □ いくら魅力的でも異常に高い利回りは詐欺の可能性あり

出典：警察庁

● Column

ルネサンス期に復活した金利

　ルネサンス期（14世紀〜16世紀）は、文化や学問だけでなく、経済や金融においても大きな変革が起こりました。

　中世ヨーロッパでは、キリスト教の教えに基づき、金利を取る行為は「高利貸し」として非道徳的とされ、金融業務は多くの場合、ユダヤ教徒など非キリスト教徒に委ねられていました。

　ところがルネサンス期になると、経済活動が劇的に変化します。遠隔地貿易や新航路開拓によるグローバルな商業活動が急拡大したことで、商人たちは商品の仕入れや輸送のために大量の資金を必要とし、貸し付けを受ける際の金利が不可欠となったのです。

　イタリアの都市国家（フィレンツェ、ジェノヴァ、ヴェネツィアなど）では、メディチ家やフッガー家といった銀行家が台頭。彼らは融資業務を行い、貿易や投資に資金を提供することで莫大な利益を得ました。このような銀行業の拡大によって、金利は社会的に受け入れられるようになっていきました。

　宗教改革や新しい解釈の出現により、教会は金利に対する姿勢を緩和し始めました。トマス・アクィナスなどの学者は、金利を全否定するのではなく、合理的な範囲での金利を認める考え方を提唱しました。たとえば、貸し手が負うリスクや機会損失を補う「正当な金利」の概念が登場したのです。

　ルネサンス期の金利復活は、経済活動を活性化させただけでなく、資本主義の発展に繋がる重要な契機となりました。金利を正当化する新しい考え方が普及し、商業や産業の基盤を支える金融システムが整備されていったのです。この時代に生まれた金融の概念や仕組みは、現代にも大きな影響を与えています。

THE BEGINNER'S GUIDE TO INTEREST RATES

Part  5

金利が経済に与える影響を
知らないと損をする！

複雑な「金利」と「経済」の関係をおおまかに理解する

035 THE BEGINNER'S GUIDE TO INTEREST RATES

「景気」と金利の関係を理解しておこう

● 金利は景気の方向性を決定づける重要な要因

「景気」と「金利」は、経済の動きと密接に関連しているため、景気が良いとき、悪いときに、金利がどのような影響を受け、どんな影響を与えるかを知ることは、経済を理解するうえで重要です。

好景気（好況）になると、企業の設備投資や個人の消費が活発になります。この結果、資金需要が増え、借り手が多くなるため、金利は上昇します。また中央銀行（日本では日本銀行）は景気過熱によるインフレを抑えるため、政策金利を引き上げることで市場の金利が上がるように誘導します。それにより銀行から借り入れるときの金利が高くなれば、「家を買うのはやめておこう」「機械を替えるのは少し待とう」と、個人や企業の支出が抑制されます。このように**中央銀行は政策金利を上げて景気の過熱を抑えようとします。**

一方、不景気（不況）になると、企業の投資意欲や個人の消費活動が低下します。この場合、**中央銀行は政策金利を引き下げて金利を低くし、景気を刺激しようとします。**金利を下げてお金を借りやすくなれば、「家を買おうかな」「会社の機械を最新のものに替えようかな」と考える個人や経営者が増える——そのような効果を生むことで景気回復のきっかけをつくるのが狙いです。

たとえ日常的に金利に興味がなくても、知らず知らずのうちに私たちは金利の影響を受けて生活しています。景気と金利の基本的な関係性を理解することは、経済の大局的な流れを把握するだけでなく、個人の資産運用や生活設計にも必ず役立ちます。金利の動向に注目することは、より賢い選択をする大切なステップです。

● 景気と金利の関係

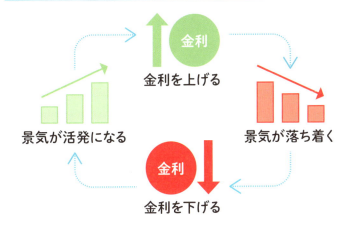

● 金利が景気に影響する仕組み

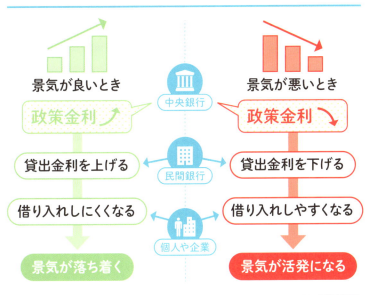

まとめ	□ 景気が過熱すると、金利を上げて過熱を抑える □ 景気が低迷しているときは金利を下げて景気を刺激する

036 THE BEGINNER'S GUIDE TO INTEREST RATES

「物価」と金利の関係を
理解しておこう

● 中央銀行は「金利」を調整しながら物価の安定をめざす

ここでは、「物価」との関係で金利について見ていきます。

物価が下がるデフレーション（デフレ）局面では、「もっと安くなるまで待とう」という考え方が広がります。これにより、企業の収益が悪化し、雇用や生産が減少するなど、経済活動が停滞します。この場合、中央銀行は政策金利を引き下げ、借り入れをしやすくして消費や投資を促進して物価上昇を促します。

一方、物価が上昇するインフレーション（インフレ）局面では、商品やサービスの価格が上がり続けます。この状況では、企業や個人が「さらに価格が上がる前に買おう」と考え、消費や投資が活発になります。結果として経済が過熱し、過剰な需要が生じることがあります。この場合、中央銀行は政策金利を引き上げ、借り入れを抑制することで消費や投資を抑制し、物価上昇を止めようとします。

インフレ下で景気が後退する「スタグフレーション」のときは、物価上昇を抑えるために政策金利を引き上げますが、それによって消費や投資が落ち込むので難しい対応が迫られます。物価は金融政策だけでコントロールできるわけではないので注意が必要です。

金利の動きが物価に影響を与えるだけでなく、物価の変動が金融政策を左右することもあります。いずれにしろ、物価と金利のバランスが崩れると経済に深刻な影響を及ぼす可能性があるため、**中央銀行は適切に金利を上下させて物価の安定を図ります**。しかし、バブル崩壊後、金利を下げても物価が上がらなかった時期が長く続いた日本のように、そのバランスをとるのは容易ではありません。

● 金利と物価の関係

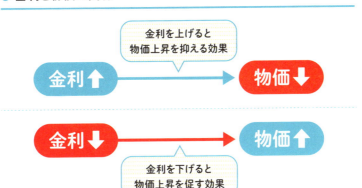

● 物価動向と金利と景気の動きの関係性

経済状況	デフレーション（デフレ）	インフレーション（インフレ）	スタグフレーション
物価の動き	物価が継続的に下落する	物価が継続的に上昇する	景気後退と同時に物価上昇が進行する
金利の動き	金利を引き下げ、借り入れを促進して景気回復をめざす	金利を引き上げ、消費や投資を抑制して物価の安定を図る	インフレ抑制のために利上げすると景気を冷やすため、対応が難しい
景気	投資や消費が先送りされ、企業の収益が悪化し経済活動が停滞	消費や投資が活発化し、過剰な需要で景気が過熱する	企業業績の悪化や生活コストの上昇が景気に悪影響を及ぼす
代表的な例	失われた30年（1990年前半〜2020年代前半）	バブル経済（1980年代後半〜1990年前半）	第一次オイルショック（1973〜1974年）

Part 5 複雑な「金利」と「経済」の関係をおおまかに理解する

まとめ	☐ 中央銀行は金利を上げ下げして物価をコントロールしている ☐ 物価上昇＝好景気、物価下落＝不景気と単純にはいえない

037 THE BEGINNER'S GUIDE TO INTEREST RATES

「為替相場」と金利の関係を
理解しておこう

◉ 為替と金利を理解すれば経済の変化がより見えてくる

　金利と為替相場は密接に関連しています。一般に、**金利が高い国の通貨は、短期的には価値が上昇する「通貨高」になりやすく、金利が低い場合は通貨の魅力が低下し、「通貨安」につながりやすく**なります。たとえば、日米両国の預金金利が同じ1%で、為替レートが1ドル＝100円の状況を考えます。このとき、アメリカの金利が2%に上昇すると、ドル預金のほうが有利と考える投資家が「円を売り、ドルを買う」動きを強めるため円安ドル高に振れやすくなります。逆に日本の金利が上昇すると円を買う人が増えるので円高ドル安に振れやすくなります。

　また、**為替相場も金利に影響を与えます。**たとえば円安ドル高の見通しが強まると、ドルでの預金や資産運用を選ぶ人が増え、円建て預金の解約や円建て金融商品の売却が進みます。これにより円資金の供給量が減少し、円金利が上昇する可能性があります。

　また、円安が進むと、輸入品の価格が上昇し、国内物価が高騰するリスクもあります。**物価の上昇は、中央銀行がインフレ抑制のため金利を引き上げる要因**となり、同時に債券市場では債券価格の下落（＝金利上昇）の圧力を生むことがあります。

　為替相場と金利は双方向に影響し合っています。ただし、こうした関係はその国の経済状況や信用リスクが安定している場合にかぎります。**政治的・経済的に不安定な国では、高金利を提示しても通貨の信頼性が低く、その国の通貨は買われません。**こうしたケースにも留意し、為替相場と金利の関係を理解することが重要です。

● 金利が高いほうの通貨が買われやすい

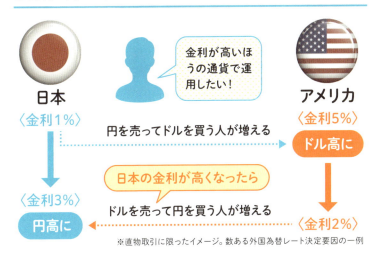

● 為替相場と金利の基本的な関係

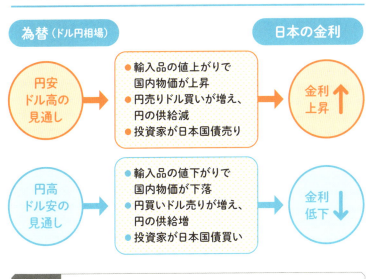

まとめ	□ 金利と為替相場は双方向に影響し合って動いている □ 経済の安定性が通貨の信頼性を左右する

「株価」と金利の関係を理解しておこう

金利と株価の関係はそれほど単純ではない

株価と金利には深いつながりがあります。

金利が上がると企業の資金調達コストが増え、投資が抑制されます。この結果、**業績が悪化するため、株価が下がる一因になります。**また、金利が高いと預金や債券が魅力的になり、リスクのある株式投資を避ける人が増えるため、株価の下落要因になります。

逆に金利が下がると企業は低コストで資金を調達できるため、新規事業や設備投資を活発にし、企業の成長期待が高まって株価上昇につながります。また、**低金利下では預金や債券の魅力が薄れるため、株式市場に資金が流れやすくなります。**

また、株価の理論値は、将来の配当を現在の金利で割り引いた「現在価値」で決まります。金利が上がると、将来の配当の価値が低くなるため、理論的には株価が下がります。逆に金利が下がれば、株価の上昇要因になります。

ただし、金利と株価の関係は一筋縄ではありません。好景気を背景とした経済成長を反映していれば、たとえ金利が上がっても業績アップを期待して株価が上がることもあります。借り入れが多い企業は金利が上がると業績に悪影響を受けますが、銀行は貸出金利の上昇によって業績が向上します。このように企業によって金利の影響は異なるため、その点にも注意が必要です。

金利と株価の関係は単純ではありません。これらの関係を理解したうえで、金利や株価の動きの背景を経済ニュースと照らし合わせてみると、経済の全体像を理解する助けになるはずです。

▶ 金利と株価の基本的な関係

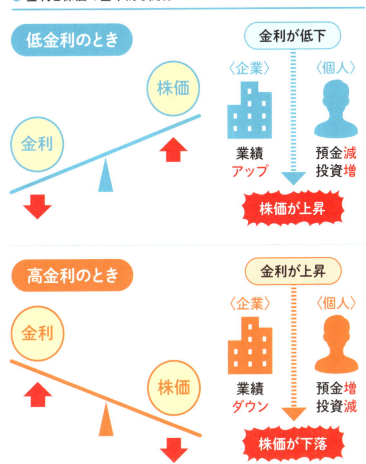

企業の経営・財務状況、業種で金利の影響は変わる。株式購入時はその点に留意しよう！

まとめ	□ 金利上昇は株価下落、金利下落は株価上昇の要因になる □ 日ごろからニュースで金利と株価の関連性を意識しよう

Part 5 複雑な「金利」と「経済」の関係をおおまかに理解する

低金利通貨でお金を調達する「キャリートレード」とは?

● 低金利通貨で調達し、高金利通貨で運用する投資手法

「キャリートレード」とは、金利が低い国の通貨で資金を借り、そのお金を金利が高い国の通貨に投資する取引のことです。金利差から生じる利益を狙う仕組みで、低金利通貨を「調達通貨」、高金利通貨を「運用通貨」として使います。たとえば、日本円を借りて金利が高い国の通貨に換え、その資金を債券や預金で運用するのが代表的な方法です。

とくに日本円は、長期にわたる超低金利政策により「円キャリートレード」の調達通貨として利用されてきました。1990年代以降、世界中の投資家が円を借りて高金利通貨に投資してきたのです。このような取引が広がると、日本円は市場で売られるため円安が進む傾向があります。一方で、高金利通貨が買われることでその通貨の価値が上昇しやすくなります。

しかし、キャリートレードにはリスクがあります。2008年のリーマンショックのような世界的な金融不安や突発的な市場変動が起こると、多くの投資家が投資資金を安全な現金にするためキャリートレードを急に解消します。日本円を借りているなら、返済するために運用通貨を売って、日本円を買い戻す「巻き戻し」が発生して急速に円高が進むことがあるのです。

キャリートレードは金利差から利益を得る仕組みですが、為替相場や市場リスクに大きな影響を与える要素のひとつになっています。そのため、円キャリートレードのような事例を知っておくことで、金利と為替の関係をより深く理解するのに役立つはずです。

● 円キャリートレードの基本的な仕組み

● リーマンショック後に起こった円キャリートレード巻き戻しの影響

まとめ	□ キャリートレードは金利差を活用した投資手法 □ 円キャリートレードは為替レートに影響を与えてきた

出典：investing.com より著者作成

040 THE BEGINNER'S GUIDE TO
INTEREST RATES

「高金利通貨」が
長期的には安くなるわけ

◉ 高金利通貨の魅力とリスクを理解する

　高金利通貨は一見魅力的ですが、長期的には価格が下がる傾向があるため注意が必要です。高金利は多くの場合、物価上昇の影響を反映しています。インフレが進む国では、通貨の価値が下落するため、中央銀行は金利を上げてお金の流通量を抑えようとします。しかし、その国で預金に5%の金利がついていても、10%のインフレが進行していれば、物価の上昇が金利を上回り、実質的なお金の価値が目減りしてしまいます。金利が高くても、インフレの影響が上回ると通貨の価値の下落を防ぐことはできないのです。

　通貨の価値下落は、為替レートにも影響を与えます。「購買力平価（PPP）」という考え方があります。異なる国の通貨間の為替レートは、それぞれの国での物価水準に基づいて決定されるという経済学の考え方です。たとえば、アメリカでハンバーガーの価格が1ドルから2ドルに上昇したとします。一方、日本で同じハンバーガーの価格が変わらず100円のままなら、100円＝2ドルと釣り合うように、1ドル＝50円に調整される──それが購買力平価の考え方です。インフレが進む国の高金利通貨は通貨価値が下落するため、長期保有すると価値下落（＝損失）の可能性が高いのです。

「高金利通貨はチャンス」をうたう金融商品もありますが、トルコリラ（P.154）のような超高金利通貨は、高い金利収入を上回る価値下落の可能性があります。ハイリターンである以上リスクも高いのです。短期的なリターンは期待できるものの、長期保有には慎重さが求められます。

● 高金利通貨トルコリラは大きく価値が下落した

目先の高金利に惑わされて外貨投資をすると、高金利でも価格下落に負けて大損することも！

● 購買力平価（PPP）の考え方

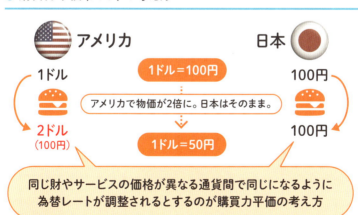

同じ財やサービスの価格が異なる通貨間で同じになるように為替レートが調整されるとするのが購買力平価の考え方

| まとめ | □ 高金利通貨はインフレで価値が下がるリスクが高い
□ 短期リターン狙いには向くが、長期保有は慎重に |

041 THE BEGINNER'S GUIDE TO INTEREST RATES

金利はさまざまな要因が絡み合い
理屈どおりには動かない

◉ 将来の金利動向を予測できる人はいない

　金利は、景気や物価、為替相場など多くの要因と密接に関わっていますが、その動きを予測するのは簡単ではありません。右ページには、金利とその変動要因の教科書的な動きを示しているので、おおよその方向性は頭に入れておきましょう。ただし、世の中はさまざまな要因が複雑に絡み合って動いており、ある要素は金利が上がる方向性でも、ほかの要因は下がる方向性のときもあります。

　同じ物価上昇にしても景気が良くて物価が上昇する場合もありますし、景気が悪化するなかで物価上昇するスタグフレーションが発生する場合もあります。景気が良くなると金利が上昇するのが一般的です。しかし、景気が回復しても多くの人が将来に不安を感じて、安全資産である国債を買い続ければ、金利が低いままのこともあります（＝国債価格は上昇）。

　金利は金融市場の動きや国内外の政治的要因にも左右されます。アメリカが予想外の利上げをすれば、日本の為替相場を大きく動かし、それが金利にも波及します。世界のどこかで戦争や経済危機のような突発的な出来事が起こっても金利に予測外の影響をもたらすことがあります。

　金利の予測には、景気、物価、為替など多くの変数が絡みます。そのため近い将来ならまだしも遠い将来の金利を予測するのは専門家でも困難です。**金利は単純な法則に基づいて動いているわけではありません。**日ごろから金利が変動した背景や要因に興味をもてば、経済の状態を正しく理解することにもつながります。

金利を動かす要因と金利との基本的な関係

① 国内景気	好景気 ↗ / 不景気 ↘	景気が良くなれば、会社の業績が良くなり、将来のための設備投資を積極的に行おうとするなど、少しくらい金利が高くてもお金を借りようとする人が増える。お金の需要が高まることで金利が上昇する。景気が悪い場合はその逆になる。
② 国内物価	上昇 ↗ / 下落 ↘	物価の上昇局面では、価格が上がる前にモノを買おうとする人が増え、お金の需要が高まるので金利が上がる。下落局面ではお金を借りてまでモノを買おうとする人が減るので金利が下がる。また、物価が上昇すると中央銀行が利上げするので金利が上がる。
③ 外国為替	円安 ↗ / 円高 ↘	円安になると輸入品や海外旅行の代金が高くなる。円安による輸入物価などの上昇が、国内物価の上昇につながり、それが金利の上昇につながる。円高の場合は逆に輸入品や海外旅行が安くなる。それが国内物価の低下につながり金利が低下する。
④ 海外金利	上昇 ↗ / 下落 ↘	たとえば、米国債の利回りが上昇すると、日本の国債を売って米国債を買う動きが強まるため、日本国債の価格下落（＝利回り上昇）につながる。また、海外金利が上がると低金利の日本でお金を借りて海外で運用する人が増えるため日本の金利は上がる。
⑤ 金融政策	緩和 ↘ / 引き締め ↗	金融緩和（P.124）とは、お金を借りやすくするために中央銀行が政策金利を下げるなどして景気を刺激すること。逆に、お金を借りにくくして景気の過熱を抑える金融引締（P.124）は、金利を上げてお金を借りにくくする。
⑥ 株価	上昇 ↗ / 下落 ↘	株価が上昇しているときは、債券が売られて株式を買う動きが強まる。そのため、債券の価格が下落（＝利回り上昇）する。また、一般に株価が上昇するときは景気の先行きがいいと予想されている場合が多いので、好景気を受けて金利が上がりやすい。

多くの要因に左右される金利の予測は難しく、セオリーどおりに動かないことも少なくない

まとめ
- 金利は多くの要因で複雑に動いているので予測は難しい
- 日ごろから金利の動きに興味をもってその背景を考えよう

Part 5 複雑な「金利」と「経済」の関係をおおまかに理解する

⦿ Column

江戸時代の米本位制の金融システムとは？

　江戸時代の日本では、米が経済の基軸となる「米本位制」が確立されており、米は租税（年貢）として徴収されるだけでなく、貨幣のように取引や金融活動の基準としても用いられていました。農民や商人は、田植えや収穫に必要な資金を米で借り入れ、収穫後に返済する仕組みが一般的で、1俵の米を借りた場合、半年後に1.1俵を返すといったような取引が行われていました。

　とくに年貢は米本位制と密接に関わっていました。農民は地主や領主に米で納める義務がありました。しかし、手元の米が不足すると地主や商人から米を借りて年貢を米で納め、収穫後に返済するのが一般的でした。この際、しばしば高い金利が課され、農民にとって大きな負担となりました。凶作時には収穫が不足し返済が困難になるため、経済的負担が一層重くのしかかり、百姓一揆など社会的緊張の原因ともなりました。

　江戸時代の金利は天候や収穫状況に応じて変動しました。豊作の年には米の供給が増えて価格が下がり、金利も低く抑えられました。一方、凶作の年には米価が高騰し、借りる際の金利も高くなりました。これは貸し手が凶作時の返済不能リスクを回避するため、リスクヘッジとして高金利を設定したためです。

　一方で、借り手である農民にとっても凶作時に米を借りることは重要でした。凶作の年に高金利を払うことで土地没収を回避し、家計を守れるため、農民にとっては結果的に金利が一種の「天候リスク保険」のような役割を果たしたのです。こうした金利制度は、江戸時代の農村社会の経済の安定だけでなく、自然災害や収穫不足に備える独自のリスク管理の一端を担っていたのです。

THE BEGINNER'S GUIDE TO INTEREST RATES

Part

6

金利がどう動いているかがわかれば、
世の中の見え方が変わる

「金利」が決まる
仕組みを
理解する

042 THE BEGINNER'S GUIDE TO
INTEREST RATES

金利は期間によって「短期金利」と「長期金利」に大別される

▶「短期金利」と「長期金利」があることを知っておこう!

　金利は、**期間の長さに応じて、「短期金利」と「長期金利」の大きく2つに分類されます**。この2つは、それぞれ異なる特性を持ち、経済活動や金融商品の仕組みに深く関わっています。金利の基本を理解するには、まずこの区別を知ることが重要です。

　短期金利とは、「1年以内」の期間に適用される金利を指します。日本の短期金利の起点は「無担保コールレート（P.102）」ですが、アメリカでは「フェデラルファンド金利（FFレート）」がこれに相当します。短期金利は、金融機関同士が短期資金を融通する際の指標となるもので、日本では日本銀行、アメリカではFRB（連邦準備制度理事会）が政策金利をコントロールします。短期金利は、中央銀行が行う利上げや利下げによってコントロールされ、景気刺激策やインフレ抑制策の影響を直ちに受ける特徴があります。

　一方、長期金利は、「1年超」の期間に適用される金利です。その代表例が各国の「新発10年物国債（P.106）」の利回りです。とくに、アメリカの10年物国債の動向は、日本を含む世界中の国々の経済にも影響を及ぼすため世界中から注目されます。

　長期金利は、将来の経済成長率やインフレ率、さらには市場参加者の期待感など、さまざまな要因によって変動します。その変動は、住宅ローンや企業の長期借入金利など、経済活動全体へ影響を与えるため、経済の全体的な見通しを反映する指標になっています。

　ここでは、異なるロジックで動く「短期金利」と「長期金利」があることを理解しておきましょう。

●「短期金利」と「長期金利」とは?

```
            金利
           /    \
      短期金利    長期金利
```

短期金利
期間が1年以内の
お金を貸し出す際に
適用される金利

代表的な指標
- 無担保コールレート（日本）
- フェデラルファンド金利（米国）

↓

短期金利は
「政策金利」なので
中央銀行が決める

長期金利
期間が1年超の
お金を貸し出す際に
適用される金利

代表的な指標
- 新発10年物国債利回り

↓

長期金利は
10年物国債の
取引状況（＝市場）
が決める

Part 6 「金利」が決まる仕組みを理解する

まとめ
- □ 短期金利は中央銀行の政策に左右される
- □ 長期金利は経済見通しを反映する指標として重要

「無担保コールレート」は
短期金利の主要指標

●「無担保コールレート」とは何か?

短期金利の代表的な指標である「無担保コールレート」は、金融機関が担保なしで1日だけ資金を融通する「翌日物」の取引に適用される金利です。この金利は、日本の金融市場全体の動向を示す重要な基準です。

無担保コール翌日物が取引されるのは、金融機関だけが参加できる「コール市場（P.104）」です。ここで金融機関は日本銀行に預けている当座預金の残高を融通し合いながら、日々の資金の過不足を調整しています。ちなみに「コール」とは、「呼べばすぐ返ってくる」という意味で、この仕組みにより金融機関は柔軟に資金をやりくりできるようになっています。

無担保コールレートは、日銀が金融政策を調整する際の主要な指標です。たとえば、日銀が政策金利を引き下げると、無担保コールレートも下がります。これにより金融機関の資金調達コストが下がり、企業や個人向けの貸出金利も下げやすくなります。結果として消費や投資が活発化し、景気が刺激されます。一方、物価が上昇しすぎる「インフレ」や景気が過熱した場合、日銀は政策金利を引き上げます。それにともなって無担保コールレートも上昇すると、貸出金利も上昇して企業などの借り入れコストが増加します。その結果、消費や投資が抑制され、景気の過熱を冷ます効果があります。

無担保コールレートは、日銀の政策変更や経済動向を敏感に反映するため注目されます。この金利の動きを把握することは、金融政策の意図や経済への影響を理解するのに役立ちます。

● さまざまな表記がある「無担保コールレート」

無担保コールレート
＝
無担保コール翌日物金利
＝
無担保コールレート（オーバーナイト物）
＝
無担保コールO/N物レート

※レート＝金利、翌日＝オーバーナイト＝O/N

いろいろな表記のしかたがあって
紛らわしいがすべて同じ意味！

● 無担保コールレートの推移（1989年1月～2024年12月）

1991年3月
8.563%

2024年12月
0.227%

まとめ	□ 無担保コールレートは短期資金の基準金利 □ 金融政策や経済動向を反映する重要な指標

出典：日本銀行

044 THE BEGINNER'S GUIDE TO INTEREST RATES

なぜ金融機関は「コール市場」で短期取引を行うのか?

● 金融機関同士で日々、短期の資金を融通し合っている

金融機関がコール市場で短期取引を行うのは、日々の資金の過不足を調整し、安定を保つためです。金融機関は顧客の預金や貸出、決済などの業務を行うなかで、予測しにくいタイミングで資金の不足や余剰が発生します。このため、金融機関だけが参加できる、短期資金を貸し借りする「インターバンク市場」の一部である「コール市場」で、短資会社を介して短期資金の貸し借りを行い、金融機関が日本銀行に持っている当座預金の残高を日々、調整しています。

たとえば、ある金融機関が顧客の大規模な預金の引き出しに直面した場合、一時的に資金が不足することがあります。こうした場合に、コール市場で資金を借りて不足を補います。一方、余剰資金を抱える金融機関にとっては、コール市場での資金の貸出は利息収入を得る機会となります。このように、私たち一般人からは見えないところで、金融機関同士で資金のやりとりが日々行われています。

こうした短期取引は金融機関の流動性（必要なときに現金をすぐに引き出せること）を保つためにも欠かせません。流動性が確保されることで、金融機関は日々の取引や顧客対応に柔軟に応じることができるようになります。この仕組みは、金融機関の安定的な運営を支えるだけでなく、金融市場全体の信頼性や安定性を維持するためにも大変重要な役割を果たしています。

また、短期取引の存在によって金融市場全体で資金が効率的に循環し、企業の運営や投資が円滑に進むことに寄与しています。このように、コール市場のおかげで金融政策が円滑に実施できています。

金融市場の分類

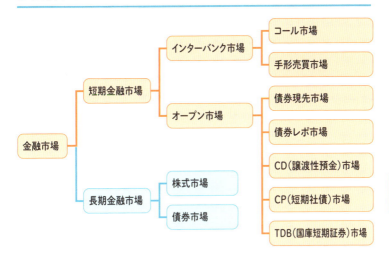

金融機関の間でお金の貸し借りが行われるコール市場のイメージ

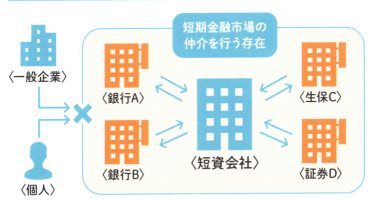

コール市場などの短期金融市場は証券取引所のような場がない。取引相手を探すときは、短期金融の仲介を主な業務とする「短資会社」を経由するのが一般的。日本には、上田八木短資、セントラル短資、東京短資の3社の短資会社がある。

| まとめ | □ コール市場は金融機関同士の資金融通を支える基盤
□ 金融機関はコール市場で日々の資金調整を行っている |

045 THE BEGINNER'S GUIDE TO
INTEREST RATES

長期金利の代表格が
「10年物国債」の利回り

◉ 経済と私たちの暮らしへの影響が大きい「長期金利」

「長期金利」とは、1年を超える資金調達や運用に適用される金利のことです。この**長期金利の主な指標は、「新発10年物国債」の利回り**です。10年物国債とは、満期が10年の日本政府発行の債券です。取引量が多く流動性が高いため、長期金利の目安として使われています。なお、「新発」とは新しく発行された国債を指し、すでに発行されたものは「既発」といいます。

長期金利の基準となる「10年物国債の利回り」は、住宅ローンや企業の資金調達に深く関わっています。住宅ローンの固定金利や企業が発行する社債の金利は、長期金利に影響を受けて変動するからです。長期金利の利回りが上がるとそれらの金利も上がり、借り入れコストが増えるため、家計や企業の資金計画に影響を与えます。

その**長期金利は、景気や物価の動き、投資家の将来予測に左右されて変動します**。景気がよくインフレ率が上がると、長期金利が上がりやすくなります。一方、景気が悪化すると国債の需要が増え、利回りは下がります（この仕組みについてはP.110で説明します）。

また、日銀の金融政策も長期金利に影響します。たとえば、日銀が国債を多く買うと国債の利回りが下がり、住宅ローンや企業の借入金利が低下します。本来、市場原理によって長期金利は決まってきました。しかし、量的緩和政策（P.132）の導入によって日銀は長期金利を操作するようになりました。

長期金利は経済の動きを知る重要な指標です。基本を押さえておくことで、自分の資産運用や借り入れ計画にも役立ちます。

▶ 長期金利(10年物国債の利回り)の推移

▶ 長期金利が上昇・下落したときの影響

影響項目	長期金利が上がったとき	長期金利が下がったとき
住宅ローン	固定金利型の住宅ローン金利が上がり、毎月の返済が増える。	固定金利型の住宅ローン金利が下がり、家を買いやすくなる。
会社の借入	企業の借入金利が上がり、新しい事業や設備投資が減る。	企業の借入金利が下がり、事業や設備投資が活発になる。
消費や投資	借りるコストが増えるため、買い物や投資を控える。	借りるコストが下がるため、消費や投資を積極的に行う。
物価	物価上昇が抑えられ、家計の負担が安定する。	物価が上がりやすくなり、生活費が増えるおそれがある。
株価	株価が下がりやすくなり、投資家の利益が減る可能性がある。	株価が上がりやすくなり、投資家の利益が増えやすい。

> **まとめ**
> ☐ 「新発10年物国債」の利回りは長期金利の指標になっている
> ☐ 長期金利は、住宅ローンの固定金利などに影響を与える

出典:財務省

ひとくちに「国債」といっても、いろいろな種類がある

● 国債によっては利払いの方法に違いがある

国債とは、政府が資金調達を目的に発行する債券で、国が借金をするための手段です。政府が元本を保証するため、安全性が高い金融商品として個人から機関投資家まで幅広く利用されています。

国債にはさまざまな種類があり、特徴や用途が異なります。

まず、満期までの期間によって「国庫短期証券（短期国債：1年以内）」、「中期国債（2〜5年程度）」、「長期国債（10年程度）」、「超長期国債（20年、30年、さらには40年）」などがあります。このように期間が異なる国債が用意されることで、多様な投資ニーズに応え、金融市場の範囲の広がりや厚みが増すことにつながります。たとえば、短期国債は主に流動性を重視する投資家や金融機関に利用され、長期国債は将来の資金運用を安定的に行いたい人に向いています。

また、国債は金利の支払い方式で2種類に区別されます。ひとつが**利子（クーポン）が一定期間ごとに支払われる「利付債」**です。もうひとつは**利子相当分があらかじめ差し引かれた価格で発行され、満期時に額面金額で償還される「割引債（ゼロクーポン債）」**です。これら2つの違いについては右ページで説明しています。

国債は発行目的によっても分類できます。道路や学校などの建設資金の財源として国が発行する「建設国債」、国の財政の赤字を補填するために発行される「特例国債（赤字国債）」、国債の償還資金を調達するために発行される「借換債」、東日本大震災の復興費用を賄うために発行された「復興債」などがあります。

● 利付国債の仕組みのイメージ

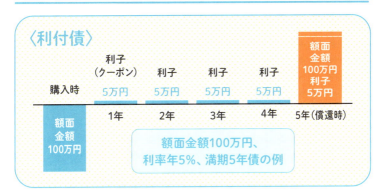

利付債は、額面（100）で購入し、一定期間ごとに利子を受け取っていく。債券によって利払いの頻度には毎月利払い、年2回払い、年1回利払いなどがある。償還（満期）時に額面（100）が返ってくる。定期的に利子が欲しい人に向いている。

● 割引国債の仕組みのイメージ

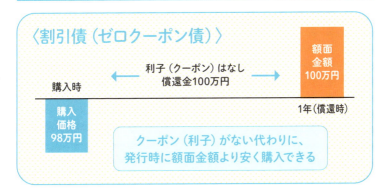

割引債は、発行価格（98や99など）で購入して償還まで利子の受け取りはない。償還時に額面（100）で償還される。償還（満期）または途中売却時までの価格差が利付債の利子に相当する。売却時や償還時まで利子を受け取らなくてもいいと考える人向き。

まとめ	□ 国債は政府が資金調達のため発行する安全性の高い債券 □ 種類や目的が多様な国債は幅広い投資ニーズに対応

047 THE BEGINNER'S GUIDE TO INTEREST RATES

「債券価格」と金利の関係を
理解しよう

● 債券価格と金利の逆相関を理解しよう

　債券の「価格」と「金利」の関係を理解することは重要です。なぜなら、この2つは密接に関連しており、経済の状況を判断する際の重要な指標となるからです。

　債券価格と金利は逆相関の関係にあります。つまり、**「国債が買われて値上がりすると金利が下がる」**、逆に**「国債が売られて値下がりすると、金利が上がる」**ことになります。

　たとえば、国が発行する債券である「国債」は満期になると元本が返済され、発行時に決められた利率で利子が支払われます。発行後は債券市場で売買でき、需要と供給に応じて価格が変動します。この価格変動によって国債の利回りが変動します。

　たとえば、利回りが年2%の国債を保有しているときに、新たに発行される国債（新発国債）の利回りが年3%ならこちらのほうが魅力的です。このとき、年2%の国債を売りたい人は、少し価格を下げ（＝金利が上がる）なければ売れません。その結果、既存の国債（既発債）の価格は下がるのです。逆に市場金利が1%に下がれば、利率2%の国債の魅力は増します。買いたい人が増えれば、逆に国債価格が上昇します（＝金利が下がる）。

　さまざまな要因で国債価格は変動しますが、景気が悪化する見通しのときには「安全資産」である国債の需要が高まり、国債価格が上昇する傾向があります。逆に好景気のときは株式などが人気になり、国債の人気は低下します。経済状況と国債のほかの金融商品に比べて魅力的か、そうでないかを見極めることが大切です。

● 債券価格と金利の関係

債券価格が下がると金利は上がる
債券価格が上がると金利は下がる

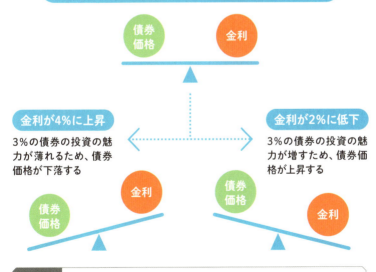

まとめ	□ 債券価格と金利は逆相関の関係にある □ 経済状況で国債の価格と金利が変動する

▶ Column

利子を取らないイスラム金融の特徴とは？

　イスラム教では、その教義に基づいて「リバー（利子）」が禁止されています。イスラム教の聖典コーランでは、利子を取る行為が不公平で不道徳とされています。貸し手がリスクを負わずに利益を得る行為は、借り手との間に不平等を生み、社会正義を損なうと考えられているのです。では、利子が禁止されたなかで、イスラム教徒たちはどのようにお金の貸し借りをしているのでしょうか。イスラム金融では、利子を避けながらも資金を提供し、利益を共有する仕組みが採用されています。

　そのひとつが、「ムダーラバ（信託投資契約）」と呼ばれる、投資家と事業主が利益を事前に合意した割合で分配する仕組みです。投資家は資金を提供し、事業主はその資金を運用しますが、損失が発生した場合は投資家が資金面で責任を負います。一方、事業主は労働面での損失を受け入れる形となり、リスクと利益を公平に分配することを可能にしています。

　もうひとつの例が「ムラバハ（売買契約）」という仕組みです。これは金融機関が購入希望者の代わりに商品を買い、その後、一定の利益を上乗せして購入者に販売することで、利子を取らずに金融機関が収益を得られるようにしています。

　イスラム金融では、金融活動を通じた社会的な責任や投資倫理を重視するため、アルコール、ギャンブル、武器などイスラム法で禁止された産業への投資は行えません。伝統的な教えを尊重しながら、倫理的かつ公平な金融モデルを構築しているイスラム金融は、環境や社会的課題に配慮した「サステナブル金融」の一例として現代社会でより注目されるようになっています。

THE BEGINNER'S GUIDE TO INTEREST RATES

Part

7

物価の安定を図り
経済の健全な発展を支える

金利コントロールの
司令塔
「中央銀行」の役割

048 THE BEGINNER'S GUIDE TO
INTEREST RATES

中央銀行の役割とは何か?

● 中央銀行には大きく3つの役割がある

　中央銀行は、通常ひとつの国（または地域）で唯一の法定通貨を発行する権限を持つ機関です。金融政策を通じて物価の安定、雇用の確保、経済成長を支える責任を負い、その役割は「発券銀行」「政府の銀行」「銀行の銀行」という3つの柱に整理できます。**日本では「日本銀行（日銀）」がその役割を担っています。**

　まず、中央銀行は**発券銀行**として、法定通貨を発行する権限を持ちます。この役割により、通貨供給量を中間目標として政策金利を操作し物価の安定を図り、経済活動と国民生活の安定を支えます。

　次に、**政府の銀行**として政府の資金管理を支援します。具体的には、政府の口座（政府預金）を管理し、税金や保険料、公共事業費などにともなう国庫金の受け入れや支払いの決済業務を行います。

　さらに、中央銀行は**銀行の銀行**として、銀行などの金融機関同士の資金決済を行います。それは金融機関が日本銀行に開設している当座預金の振替によって実行されます。また、金融機関や決済システム、市場などで発生した問題が他の金融機関や市場、システム全体に波及するシステミックリスクを低減させるなどのプルーデンス政策を行い、金融危機の防止に寄与しています。

　中央銀行は政府から独立して運営されるのが原則です。金融政策は政治的な影響を受けず、中立的かつ専門的に行われることが重要だからです。しかし、実際には政府の意向や圧力を受けていると指摘されることもあります。そうなると金融政策の信頼性や効果が損なわれる可能性があります。

● 中央銀行の3つの機能

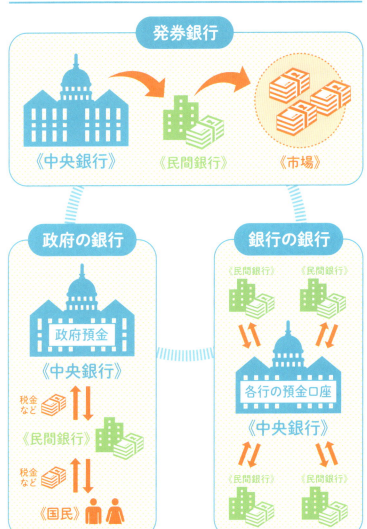

| まとめ | □ 日本の中央銀行は「日本銀行」
□ 中央銀行は政府から独立した機関であることが重要 |

049 THE BEGINNER'S GUIDE TO
INTEREST RATES

金融政策の司令塔「日本銀行」の目的とその業務領域

● 日本経済を支える日本銀行の役割とは?

　日本銀行（日銀）は、1882年に設立されて以降、日本経済の基盤を整備する中央銀行の役割を担ってきました。その主な目的は、**「物価の安定」と「金融システムの安定」の2つ**と日本銀行法に定められています。

「物価の安定」は、経済が安定的かつ持続的成長を遂げていくうえで不可欠な基盤です。日銀はこれを通じて日本経済の発展に貢献する役割を担っています。

　金融システムとは、さまざまな金融市場や多数の金融機関から成り立っている、お金の貸し借りや決済、各種金融商品を取引する仕組み全体を指します。これが機能しなければ、企業や国民は安心してお金を使えません。「銀行の銀行」である日銀は、最後の貸し手として、「金融システムの安定」を維持する役割を担っています。

　また、日銀は他の中央銀行の金融政策の影響にも目を配りながら、通貨危機などを防ぐために主要国の中央銀行と通貨協定を結ぶなど、世界経済を支えています。政府による外国為替市場への介入時には、実際の取引を代行しています。

　さらに、次世代を見据え、「中央銀行デジタル通貨（CBDC）」、いわゆる「デジタル円」の実用化に向けた研究を行っています。サイバーセキュリティの確保や既存の金融構造への影響にも課題があるため、慎重な検討が続けられています。

　日銀は、2つの目的を果たすために、右ページに挙げたようなさまざまな業務を日々行っています。

日本銀行の2つの目的

物価の安定

《日本銀行法 第一条第一項》
日本銀行は、我が国の中央銀行として、銀行券を発行するとともに、通貨及び金融の調節を行うことを目的とする。

《日本銀行法 第二条》
日本銀行は、通貨及び金融の調節を行うに当たっては、**物価の安定を図る**ことを通じて国民経済の健全な発展に資することをもって、その理念とする。

金融システムの安定

《日本銀行法 第一条第二項》
日本銀行は、前項に規定するもののほか、**銀行その他の金融機関の間で行われる資金決済の円滑の確保**を図り、もって**信用秩序の維持**に資することを目的とする。

日本銀行の主な業務

❶銀行券の発行・管理
唯一の発券銀行として銀行券を発行・管理し、安定供給と信認の確保を行う。

❷決済サービスの提供
「日銀ネット」と呼ばれる金融機関間の資金決済システムと国債の決済システムを提供し、決済の効率化・改善に取り組む。

❸金融政策の運営
物価の安定を目的に、公開市場操作などを通じて経済・物価動向に働きかける。

❹金融システムの安定確保
金融機関の健全性を評価し、必要に応じて資金供給する「最後の貸し手」としての役割を果たす。

❺政府関連業務
国庫金の管理、国債の発行・管理、政府を相手とした取引を担当する。

❻国際業務
外国の中央銀行や国際機関との協力や国際会議への参加を通じて、グローバルな金融市場の安定に寄与する。

| まとめ | □ 日銀の目的は「物価の安定」と「金融システムの安定」
□ 世界の中央銀行と協力しながら世界経済の安定に寄与 |

Part 7 金利コントロールの司令塔「中央銀行」の役割

050

**THE BEGINNER'S GUIDE TO
INTEREST RATES**

知っておくべき
世界の主な中央銀行

◎ 世界経済をリードする4つの重要な中央銀行

　各国には金融政策を担う中央銀行があります。なかでも以下の4つは国際的に重要とされています。

　アメリカの中央銀行に相当するのが連邦準備制度（FRS、Federal Reserve System）で、ワシントン D.C. にある連邦準備制度理事会（FRB：Federal Reserve Board）が全米 12 行ある各連邦準備銀行をコントロールしています。たとえば、FRB が利上げや利下げを決めると、アメリカのみならず世界中の為替や株式市場が大きく動くことがあります。世界で最も影響力がある中央銀行です。

　欧州中央銀行（ECB、European Central Bank）は、単一通貨ユーロを採用している国々の金融政策を統括する中央銀行です。1 国の金融政策を担うのではなく、ユーロを採用するユーロ圏（20 カ国）全体を範囲とする政策運営が特徴です。

　中国の**中国人民銀行**（PBOC、People's Bank of China）は、経済成長によって存在感が増しており、中国国内の金融政策や為替政策を通じて、世界経済に大きな影響を及ぼしています。また、近年はデジタル人民元（e-CNY）の運用が注目されています。

　イングランド銀行（BOE、Bank of England）は、1694 年に民間銀行として設立、のちに国の金融政策を担う中央銀行となりました。

　各中央銀行トップの発言は、世界中から注目され、発言の内容によっては株式、外国為替、債券市場に直ちに反応を引き起こします。

　また、主要国の中央銀行は、「G20 財務大臣・中央銀行総裁会議」などを通して連携し、世界経済の安定のために協力しています。

● 知っておきたい世界の主要中央銀行

連邦準備制度（FRS）
設立年：1913年
本部：ワシントンD.C.
議長：ジェローム・パウエル（2018年〜）
管理する通貨：米ドル（USD）
政策決定機関：連邦公開市場委員会（FOMC）

欧州中央銀行（ECB）
設立年：1998年
本部：フランクフルト（ドイツ）
総裁：クリスティーヌ・ラガルド（2019年〜）
管理する通貨：ユーロ（EUR）
政策決定機関：政策理事会

中国人民銀行（PBOC）
設立年：1948年
本部：北京
総裁：潘功勝（2023年〜）
管理する通貨：人民元（RMB）
政策決定機関：国務院常務会議

イングランド銀行（BOE）
設立年：1694年
本部：ロンドン
総裁：アンドリュー・ベイリー（2020年〜）
管理する通貨：英ポンド（GBP）
政策決定機関：金融政策委員会（MPC）

● G20財務大臣・中央銀行総裁会議の参加国・機関

G7: 日本　 アメリカ　 イギリス　 カナダ　 ドイツ　 フランス　 イタリア

 アルゼンチン　 オーストラリア　 ブラジル　 中国　 インド　 インドネシア　韓国

 メキシコ　 ロシア　 サウジアラビア　 南アフリカ　 トルコ　 欧州連合・ECB

上記20カ国・地域の各国財務大臣、財務大臣代理、中央銀行総裁ほか、国際通貨基金（IMF）、世界銀行の代表なども参加する。1999年から原則年1回開催されていたが、2009年以降、世界的な金融危機を契機に重要性が高まっており、開催頻度が増えている。

まとめ
- □ 連邦準備制度理事会（**FRB**）は世界中から注目を集める
- □ 中央銀行トップの発言は経済に与える影響大

051 THE BEGINNER'S GUIDE TO
INTEREST RATES

要注目! 年8回開かれる
日銀の金融政策決定会合

● 日本の金融政策は「金融政策決定会合」で決まる

　日本銀行の「金融政策決定会合」は、日銀総裁、2名の副総裁、6名の審議委員からなる計9名の政策委員会メンバーが参加して、2日間の日程で年8回開催されます。

　この会合は、物価目標の達成、景気の安定、金融市場の安定化などを主な目的とし、日本経済の現状を分析し、適切な金融政策を決定する場となっています。具体的には、政策金利や金融政策の手段、金融・経済の情勢に関する見解が議論され、多数決によって議決を行います。たとえば、2024年7月に日本の政策金利が0～0.1%から0.25%に引き上げられましたが、その決定が行われたのは、同年7月30日・31日に開催された金融政策決定会合の場でした。

　会合終了後には日銀総裁の定例記者会見が行われます。日銀総裁の口から何が語られるかは大きな注目を集め、その発言に反応して為替相場や株式相場が大きく動くことがあります。2024年7月31日の定例記者会見では、植田総裁は金利のさらなる引き上げの可能性について言及しましたが、それを受けて為替市場では急激な円高ドル安になりました。

　金融政策決定会合は、その判断次第で日本の金融市場や投資判断に影響を与え、暮らしにも大きな影響を与える、日本経済を理解するうえで欠かせない重要なイベントです。これを機に、次回の会合でどのような決定がなされるのか、日銀総裁がどんな発言をするのかに注目してみてはいかがでしょうか。会合後に行われる総裁の定例記者会見は、ネットのライブ配信などで見ることができます。

120

金融政策決定会合のメンバー（2024年12月末現在）

政策委員会委員（9名）

〈総裁〉
植田和男
出典：首相官邸ホームページ

〈副総裁（2名）〉
- 内田眞一
- 氷見野良三

〈審議委員（6名）〉
- 安達誠司
- 中村豊明
- 野口 旭
- 中川順子
- 高田 創
- 田村直樹

メンバーは、学者、日銀、官僚、金融機関出身者などさまざま。

2024年、2025年の金融政策決定会合の日程

開催日	2024年	2025年
	1月22日（月）・23日（火）	1月23日（木）・24日（金）
	3月18日（月）・19日（火）	3月18日（火）・19日（水）
	4月25日（木）・26日（金）	4月30日（水）・5月1日（木）
	6月13日（木）・14日（金）	6月16日（月）・17日（火）
	7月30日（火）・31日（水）	7月30日（水）・31日（木）
	9月19日（木）・20日（金）	9月18日（木）・19日（金）
	10月30日（水）・31日（木）	10月29日（水）・30日（木）
	12月18日（水）・19日（木）	12月18日（木）・19日（金）

年8回行われる金融政策決定会合は、毎年ほぼ同じ時期に開催されている。通常、2日目終了後の15時30分から総裁の定例記者会見が行われる。

まとめ
- ☐ 金融政策決定会合は日本経済を左右する重要イベント
- ☐ 政策は日銀総裁を含む9人の多数決で決まる

Part 7　金利コントロールの司令塔「中央銀行」の役割

052 THE BEGINNER'S GUIDE TO
INTEREST RATES

日本銀行が実施する
金融政策の手段とは？

● 日銀の金融政策の手段はかつて3つあった

　日銀は経済の安定と成長を支えるために金融政策を実行します。その目的は「物価の安定」と「金融システムの安定」の実現です。

　かつては「公定歩合操作」、「公開市場操作（P.128）」、「預金準備率操作（P.130）」の3つが金融政策の手段といわれていた時代もありましたが、**現在は、日銀が政策金利を決定し、それにともなう公開市場操作を通じて、インターバンク市場の無担保コールレートを誘導することを金融政策の中心としています。**

　日銀の金融政策の基本は、政策金利を決定することです。政策金利は、銀行を中心とする金融機関同士が短期資金を取引する金利（無担保コールレート）で、これを上げ下げすることで、金融機関の貸出行動に影響を与えます。政策金利が下がれば民間銀行の貸出金利も下がる傾向にあり、これにより企業や個人が借り入れをしやすくなって消費や投資が促進されます。一方で、金利を上げると借り入れコストが上昇し、過熱する経済を抑制する効果があります。

　すでに述べたように公定歩合操作は廃止されて、現在は「公開市場操作」を中心とする金融政策になっています。日銀は「公開市場操作」で金融機関に対して主に国債を売買することで、金融機関が保有する日銀当座預金の残高を調整しています。

　また、準備預金制度として「預金準備率操作」という手段を日銀は持っていますが、量的緩和（P.124）の結果、銀行などが保有する日銀当座預金が必要とされる預金準備額を大幅に超えているため、現在は機能していません。

日本銀行が金融政策を実現するための手段の「過去」と「いま」

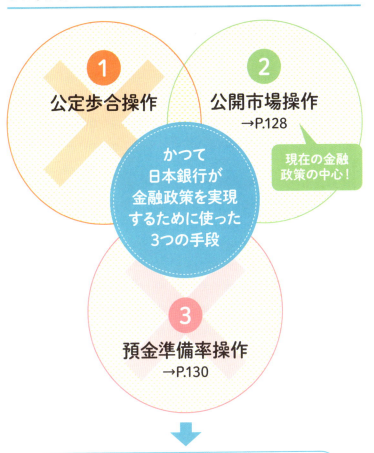

まとめ	□ 日銀は「物価の安定」と「経済の持続的な成長」をめざす □ 日銀は政策金利を調整して、経済の安定と成長を支える

053 THE BEGINNER'S GUIDE TO
INTEREST RATES

「金融緩和」「金融引締」は、
何を緩め、引き締めるのか

● 中央銀行が実施する「緩和」と「引締」の影響

　ニュースで「金融緩和」「金融引締」という言葉をよく目にしますが、何を緩め、何を引き締めるのでしょうか。

「金融緩和」とは、中央銀行がインターバンク市場の金利を下げることで、民間銀行の貸出行動を促進することをめざす政策のことで、景気が悪化しているときに以下のような手段で実施されます。

①政策金利の引き下げ（質的緩和）：中央銀行が政策金利を低くして、企業や個人が資金を借りやすくする。

②資産購入（量的緩和）：中央銀行が長期国債やETFなどを購入し、銀行などが保有する日銀当座預金の残高を増加させる。

　一方の**「金融引締」は、中央銀行が市場における資金供給を減らし、経済を沈静化させる政策のこと**で、インフレや景気が過熱したときに以下の方法を用いて実施されます。

①政策金利の引き上げ（質的引締）：中央銀行が政策金利を高くして、過剰な投資や消費を抑える。

②資産売却（量的引締）：中央銀行が保有する国債やETFなどを金融機関に売却することで、銀行などが保有する日銀当座預金の残高を減少させる。

　金融緩和が行き過ぎるとインフレを招くリスク、金融引締が行き過ぎると景気を冷え込ませるリスクがあります。中央銀行は、これらのバランスをとることで、経済の安定成長をめざします。

124

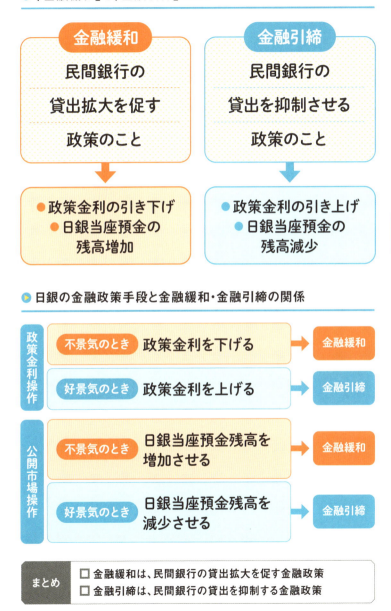

054 THE BEGINNER'S GUIDE TO
INTEREST RATES

金利の上下で景気を
コントロールする「政策金利操作」

⦿ 政策金利操作で中央銀行は景気のコントロールを試みる

　政策金利操作は、中央銀行が金融市場の基礎となる金利の操作を通じて経済全体のアクセルとブレーキを調整し、景気をコントロールして経済の安定成長を促すための手段です。**金利を上げることで景気の過熱を抑制し、下げることで景気を刺激する**仕組みです。

　政策金利とは、コールレートのことを指し、日本では「**無担保コールレート**（P.102）」、アメリカでは「**フェデラルファンド金利（FFレート）**」がそれに該当します。この金利は金融機関同士がお金を貸し借りする際の短期金利に直接影響を与え、経済全体に波及します。

　日本銀行が政策金利を引き上げると、短期金融市場での金融機関同士の調達コストが上昇し、結果として民間銀行などが企業や個人に貸し出す際の金利も上がります。この影響で企業や個人が銀行からお金を借りる際の金利も高くなり、消費や投資が抑えられ、景気の過熱を抑制します（金融引締）。逆に、景気が低迷している場合は政策金利を引き下げると、企業や個人がお金を借りやすくなり、積極的に消費や投資を行える環境をつくり出します（金融緩和）。

　政策金利操作は、住宅ローンや企業の借入金利、消費者ローンなど家計や企業に関係する金利に直接影響します。また、為替市場にも影響を与え、金利が上昇すれば円高、金利が低下すれば円安が進む傾向があるので輸出入や企業収益にも影響が及びます。

　ただし、政策金利操作だけで景気や物価をコントロールするは難しいため、量的緩和（P.124）などの方法を併用するようになってきました。

126

● 政策金利を上げ下げして景気に働きかける

政策金利とは？

景気や物価の安定など金融政策上の目的を達成するために、中央銀行（日本では日本銀行）が設定する短期金利（誘導目標金利）のこと。

好景気のとき（利上げ）
政策金利を上げる
- 金利が高くなってお金が借りづらくなる

→ 景気が落ち着く

不景気のとき（利下げ）
政策金利を下げる
- 金利が低くなって、お金が借りやすくなる

→ 景気が活発に

● 最低限知っておきたい主要国の政策金利

日本
無担保コールレート
（無担保コール翌日物金利）
Uncollateralized Overnight Call Rate

アメリカ
フェデラルファンド金利
（FFレート）
Federal Funds Rate

ユーロ圏
主要リファイナンス・オペ
（MRO）金利 ほか2種類
Main Refinancing Operations interest rate

中国
優遇貸出金利1年物
（LPR）
the one-year Loan Prime Rate

まとめ
- □ 政策金利操作で金利を調整し、景気や物価の安定を図る
- □ 金利調整は消費・投資に影響し、経済全体に波及する

055 THE BEGINNER'S GUIDE TO INTEREST RATES

国債などの売買で政策金利を誘導する「公開市場操作」

● 「買いオペ」「売りオペ」でコールレートを誘導する

インターバンク市場の金利を政策金利に誘導し、金利や物価の安定を図る政策手段が「公開市場操作（オペレーション）」です。日銀当座預金の残高を増減させ、コールレートを誘導します。

この操作は、右ページの図のように「買いオペレーション（買いオペ）」と「売りオペレーション（売りオペ）」という2つの方法で行われます。

買いオペ……日銀が金融機関から資産（国債など）を買い入れる操作です。これにより、**短期金利の基礎である無担保コールレートの低下と国債市場価格の上昇による中長期金利の低下→お金が借りやすくなる、という効果を狙います。**

売りオペ……日銀が金融機関に資産（国債など）を売却する操作です。これにより、**短期金利の基礎である無担保コールレートの上昇と国債市場価格の下落による中長期金利の上昇→お金が借りにくくなる、という効果を狙います。**

さらに、公開市場操作によって金利を調整することで、金利上昇なら外国の投資家が日本の金融商品（国債など）を購入するために円を買うことで「円高」、金利下落なら「円安」になるため、間接的に為替レートにも影響を与えます。

金利が極端に変動すると経済に悪影響を及ぼします。その影響をできるだけ小さくすることに寄与する公開市場操作は、景気や物価の安定に重要な役割を果たしています。

● 公開市場操作の「買いオペ」「売りオペ」の仕組み

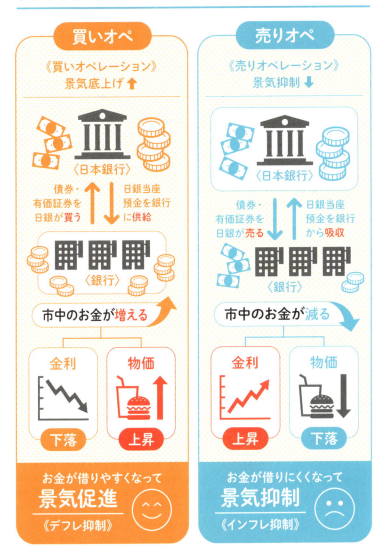

まとめ	□ 市場の資金量を調整し、景気や物価の安定を図る政策 □ 買いオペは景気刺激、売りオペは過熱抑制を狙う手段

1991年から使われていない 「預金準備率操作」とは?

● 民間銀行が日銀に保有するお金の割合を調節

　日本では、民間銀行に保有する預金者の預金残高の一定比率以上の準備預金を、民間銀行が日銀の当座預金として保有する義務があります。この比率を「預金準備率」といいます。これを変更することで銀行の貸出行動を誘導し、景気に働きかける金融政策の手段が「預金準備率操作」です。

　日銀が準備預金の預け入れを義務づける目的は主に2つです。ひとつめは、預金者が現金を引き出す際に備えるためです。銀行取付（預金者が同時に銀行に殺到し、一斉に預金を引き出そうとすること）を防ぐ狙いともいえます。準備預金は、金融システムの安定を確保するための「安全弁」として機能します。

　ふたつめは、預金準備率を操作することで、民間銀行の貸出行動に余裕を持たせたり、抑制させる効果を狙うものです。たとえば、預金準備率を引き上げると、民間銀行が顧客に貸し出す余裕がなくなり、通貨量が抑制されます。これにより景気の過熱を防ぐ効果が期待されます。一方、預金準備率を引き下げると民間銀行は顧客への貸出に余裕が出て通貨量が増える可能性が高まり、景気へのプラス効果が期待できます。現状、民間の借入需要が低迷しており、準備預金は所要準備額を大きく超え、超過準備額が発生しています。つまり、民間銀行は貸出を増やしても準備預金に困らない状況です。この状態では預金準備率を上下させても意味がありません。**1991年以降、日銀は預金準備率操作を実施しておらず、**より即時性のある政策金利の変更や公開市場操作が用いられています。

● 都市銀行と地方銀行の当座預金残高（2024年12月末時点）

都市銀行

準備預金残高	所要準備額	超過準備額
197兆3,930億円	5兆8,220億円	191兆5,710億円

地方銀行

準備預金残高	所要準備額	超過準備額
59兆5,940億円	2兆9,230億円	56兆6,710億円

> 超過準備額が大量にあると、預金準備率を上げても十分な準備預金があるため、新たに資金を準備する必要がない。預金準備率を下げても、そもそも貸出需要が低いため、銀行の貸出は増えない。その結果、預金準備率操作は効果を失っている。

※速報値。準備預金積み期間（当月16日〜翌月15日）中の平均残高

● 1991年以来変わっていない民間銀行の預金準備率

	預金残高	1986年7月1日実施	1991年10月16日実施
定期性預金（譲渡性預金を含む）	2兆5,000億円超	1.750%	1.200%
	1兆2,000億円超 2兆5,000億円以下	1.375%	0.900%
	5,000億円超 1兆2,000億円以下	0.125%	0.050%
	500億円超 5,000億円以下	0.125%	0.050%
その他の預金	2兆5,000億円超	2.500%	1.300%
	1兆2,000億円超 2兆5,000億円以下	2.500%	1.300%
	5,000億円超 1兆2,000億円以下	1.875%	0.800%
	500億円超 5,000億円以下	0.250%	0.100%

まとめ	□ 即効性の乏しさから、1991年以降は実施されていない □ 借入需要が旺盛で所要準備額ぴったりの環境で機能する

出典：日本銀行

057 THE BEGINNER'S GUIDE TO INTEREST RATES

バブル崩壊後の「金融調節」方針の変遷を見てみよう

●日本経済の状況に合わせて試行錯誤してきた日銀の歴史

1980年代後半、日本経済はバブル景気に沸き、土地や株式の価格が急激に上昇しました。しかし、1990年代初頭にバブルが崩壊すると、経済は深刻な低迷期に突入しました。この状況に対応するため、日銀は金融調節方針を大きく転換していきます。

バブル崩壊後の90年代半ばから不良債権処理を加速させたい金融機関が増え、金融緩和を進めました。しかし、金融機関が融資を断ったり引き揚げるなどの貸し渋りや貸し剥がしが進みました。

2000年代初頭には、「量的緩和政策」が採用されました。2001年に導入されたこの政策は、政策金利を事実上ゼロ近くに抑えるだけでなく、日銀が市場から大量の国債を買い入れることで、金融市場に潤沢な資金を供給するものでした。しかし、日本経済の低迷脱出の決定打にはなりませんでした。その後、2013年には「異次元緩和」といわれた積極的な緩和政策を実施。この政策では、長期金利を抑えるための国債購入の拡大や、株式市場への資金供給が行われました。これらの政策は株価の上昇などプラスの影響もありましたが、賃金や消費は伸びませんでした。近年では、2016年に金利操作をともなう「イールドカーブ・コントロール（YCC、P.146）」の導入など、長期金利を一定の範囲内に誘導する政策が続けられました。

2024年3月には、マイナス金利、YCCを廃止するなど、長く続いた低金利時代の潮目が変わってきており、今後の動向に注目が集まっています。このように**日銀はデフレ、高齢化といった課題に直面しながら、試行錯誤しつつ金融調節方針を変えてきた**のです。

● 日銀の金融調整方針の変遷

年月	金融政策の内容	総裁
1999年2月	ゼロ金利政策の導入。 無担保コールレートの誘導目標を0.15%に引き下げ	速水優 1998年3月〜 2003年3月
2000年8月	ゼロ金利政策の解除	
2001年3月	量的緩和政策の導入	
2006年3月	量的緩和政策を解除。 ゼロ金利政策に移行	福井俊彦 2003年3月〜 2008年3月
2006年7月	ゼロ金利政策の解除	
2010年10月	実質的にゼロ金利政策を復活	白川方明 2008年4月〜 2013年3月
2013年1月	政府・日銀が共同声明を公表	
2013年4月	量的・質的金融緩和を導入。 物価上昇率2%を目標に定める	黒田東彦 2013年3月〜 2023年4月
2016年1月	マイナス金利政策を導入	
2016年9月	長期金利の誘導目標を「ゼロ程度」に操作	
2021年3月	長期金利の変動幅を上下0.25%程度まで容認	
2022年12月	長期金利の変動幅を上下0.5%程度に拡大	
2023年7月	イールドカーブ・コントロール（YCC）を柔軟化。 長期金利の上限を1%に	植田和男 2023年4月〜
2023年10月	YCCをさらに柔軟化。長期金利の上限は1%をめどとし、1%を一定程度超えることを許容	
2024年3月	大規模金融緩和を転換。ゼロ金利政策解除、 YCC撤廃、ETF新規買い入れ中止	

**日銀は経済状況に応じて試行錯誤しながら
さまざまな手段を駆使して金融政策を変えている！**

Part 7 金利コントロールの司令塔「中央銀行」の役割

まとめ	☐ バブル崩壊後、金利低下で日銀はできることが少なくなった ☐ 歴代日銀総裁の打ち手は、思ったほどの効果は出なかった

出典：日本銀行、一般社団法人全国銀行協会「金融政策等の変遷（年表）」より著者作成

058 THE BEGINNER'S GUIDE TO INTEREST RATES

日本銀行の「伝統的金融政策」と「非伝統的金融政策」

▶ デフレ克服のために導入された新たな金融政策

日銀は景気や物価の安定をめざして、公開市場操作によって短期金利の基礎である無担保コールレートを低く抑えてきました。このように金利を操作することが「伝統的金融政策」です。

しかし、**1990年代以降、デフレに直面すると、伝統的金融政策だけでは対応が困難になりました。**金利が0％に近づいたことで、それ以上の引き下げが難しい「ゼロ金利制約」に直面したからです。そこで**日銀は「非伝統的金融政策」と呼ばれる新しい手法を導入**しました。

具体的には、日銀が民間銀行から国債や手形を大量に買い入れて市場に資金を供給する「買いオペ（P.128）」や国債以外のETF（上場投資信託）などの金融資産の買い入れ、買いオペの対象となる国債の償還までの期間（残存期間）を伸ばす「イールドカーブ・コントロール（P.146）」、「マイナス金利の導入（P.140）」などです。

ただし、こうした政策にはリスクがあります。

マイナス金利政策を長く続ければ、金融機関の利ざやが小さくなって収益が悪化するほか、量的・質的緩和政策を長く続けると株価や不動産の価格が上がりすぎてバブルを招く可能性があります。また、日銀が大量に買い入れた長期国債やETFの出口戦略も難しくなります。日銀の資産規模が大きく、もし大量に売却すれば国債価格の下落（＝長期金利の上昇）、ETFを売れば株価の下落を招く要因になるからです。これは今後の日銀にとって避けては通れない問題となっています。

● 伝統的金融政策と非伝統的金融政策

伝統的金融政策

公開市場操作
※コールレート誘導のため
（P.128）

日銀は政策金利である無担保コールレートを誘導する公開市場操作を通じて、金融調節を行う金融政策を行ってきた

1999年に「ゼロ金利政策」が実施され、政策金利をゼロ付近に誘導したことで引き下げる余地がなくなった。伝統的金融政策では効果が限られる状況となり、「非伝統的金融政策」が導入された！

非伝統的金融政策

マイナス金利政策
（P.140）

量的緩和政策
（P.152）

イールドカーブ・コントロール
（P.146）

消費や投資を刺激し景気を支える一方、金融機関の収益悪化や資産価格の過剰な上昇、出口戦略の課題も残すことに

まとめ
- ☐ 伝統的政策の限界から非伝統的政策が導入された
- ☐ 非伝統的政策の出口戦略のリスクが課題として残る

● Column

植民地時代の金利から現代の教訓を学ぶ

　19世紀から20世紀初頭のヨーロッパ諸国による植民地支配において、金利は現地の資源搾取や経済的従属を生み出す仕組みとして活用されました。植民地支配下では、植民地政府や商人、植民地に進出した銀行が、農民や労働者に非常に高い金利を課してお金を貸すのが一般的でした。

　たとえば、イギリス統治下のインドでは、農民が収穫資金や生活費を賄うために融資を受けましたが、20％を超える高金利が課されることも珍しくなかったといいます。その結果、農民は借金漬けに陥りやすくなったのです。農民が借金を返済できない場合、彼らの土地や作物が差し押さえられ、本国の資源として輸出されることが常態化しました。これにより、植民地は原材料や農作物を供給する役割に従属させられ、現地経済は自立する機会を奪われたのです。

　また、鉄道や港湾施設などのインフラ建設に対する融資も高金利で行われ、インフラ整備の名目で植民地での収益を本国へと還流させていました。こうした行為は現地の貧困と経済的不平等を深刻化させ、インドやアフリカ諸国では、植民地独立後の経済成長にも影を落とすことになりました。

　こうした歴史は、現代にも教訓を残しています。たとえば、中国が進める「一帯一路」構想では、スリランカの港湾が高金利融資の返済不能により中国に引き渡された例があり、植民地時代と類似する経済的従属の懸念が指摘されています。このように、金利の設定や金融政策の公平性が、社会や国際関係の安定に与える影響を考慮することが重要です。

THE BEGINNER'S GUIDE TO INTEREST RATES

Part

8

キーワードがわかれば、
経済が深読みできる！

ニュースに出てくる
「金利」にまつわる
用語を理解しよう

059 THE BEGINNER'S GUIDE TO
INTEREST RATES

経済ニュースで見かける
「マネタリーベース」とは?

▶ 日銀は世の中のお金の量を調節している

　経済ニュースを見ていると、「**マネタリーベース**」という言葉を目にします。これは銀行券や硬貨、銀行が日銀に預けているお金を含む、「**中央銀行（日銀）が世の中に供給するお金の量**」を指します。日銀がマネタリーベースを増やす政策を採ると、銀行は預金準備を確保しやすくなり、貸出を増やしても預金準備が不足しなくなります。企業や個人への貸出を増やす余力が生まれます。

　つまり、**景気を刺激したいときは公開市場操作を行ってマネタリーベースを増やす（金融緩和）、景気を冷ましたいときはマネタリーベースを減らす（金融引締）金融政策をとります。**

　2013年4月に「量的・質的金融緩和（P.152）」が導入された際、マネタリーベースが注目されました。金融市場調節の操作目標が「無担保コールレート」から「マネタリーベース」に変更されたからです。その後、日銀は政策金利である無担保コールレートをマイナスにするために、「マイナス金利（P.140）」も導入しました。金融機関が日銀に資金を預ける際に利息を支払う仕組みを導入し、金融機関が資金を融資や投資に回すことを促すことで、金利を低く抑え、景気を刺激することを狙いました。実際に、金融緩和によって、2013年から2023年にかけてマネタリーベースは約3.5倍に増加しました。そして、2024年3月、日銀は金融政策の枠組みを見直し、金融市場調節の操作目標を「無担保コールレート」に戻しています。

　なお、似た言葉に「マネーストック」があります。これは「国や金融機関以外の民間部門が保有する通貨の総量」を指す言葉です。

● マネタリーベースとは？

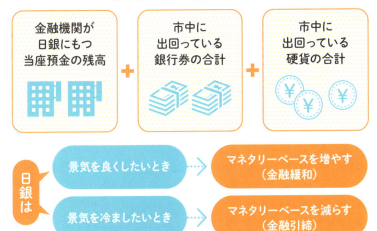

● マネタリーベース（季節調整済み、平均残高）の推移（各年末時点）

まとめ	□ マネタリーベースとは中央銀行が供給するお金の量のこと □ 中央銀行は公開市場操作でマネタリーベースを増減させる

出典：日本銀行

060 THE BEGINNER'S GUIDE TO INTEREST RATES

解除された「マイナス金利政策」は どんなことをしていたのか?

⊙ 2024年3月まで続いた「マイナス金利政策」

「マイナス金利」とは、通常は預金に対して利息がつくところを、逆に預金者が金利を支払う状況を指します。

日本では、2016年1月に日本銀行が史上初めて「マイナス金利」政策を採用すると、「マイナス金利」という言葉のインパクトから広く注目を集めました。具体的には、右ページのように日銀の当座預金を3層に分け、**日本銀行が一定額を越えた部分（政策金利残高）に対して－0.1%の金利を適用**したのです。注意しなければならないのは、コール市場の金利がマイナスになるだけで、私たちの借入金利などがマイナスになるわけでない、ということです。

その後、2024年3月に日銀は政策金利を引き上げ、マイナス金利を解除。異例の金融政策が終わり、正常化へ転換点を迎えました。

マイナス金利政策の狙いは、金融機関が資金を日銀の当座預金に滞留させるのではなく、資金の循環を促すことでした。しかし、民間銀行の貸出などの金利は、すでに歴史的に低い状態になっていたので、どれほど効果があったかは今後の検証が求められます。

残高の大きい金融機関はマイナス金利の適用部分を抑えるために、コール市場で－0.1%より高い金利で貸そうとする一方、残高が小さい銀行はマイナス金利で調達した資金を日銀の0%の口座で保有することでわずかでも利ざやを確保しようとしました。こうしたインセンティブによってコール市場の取引量を増やし、それまで機能不全に陥っていた市場の回復も狙いのひとつでした。

● マイナス金利の仕組み

《民間銀行》

当座預金を保有 →

当座預金
《日本銀行》

当座預金残高が増えすぎると、マイナス金利が適用される

日銀当座預金

当座預金残高 ↑

- 政策金利残高 　金利 -0.1%
- マクロ加算残高　金利 0%
- 基礎残高　金利 +0.1%

日銀の当座預金は3つの層に区分され、異なる金利が適用された

当座預金残高が増えすぎると、この部分にマイナス金利が適用されるのが、

マイナス金利政策

2016年1月導入
2024年3月終了

Part 8 ニュースに出てくる「金利」にまつわる用語を理解しよう

まとめ
- □ マイナス金利は政策金利をマイナスにするために導入
- □ コール市場の機能を取り戻すための方策だった

061 THE BEGINNER'S GUIDE TO INTEREST RATES

債券利回りを可視化する
「イールドカーブ」とは?

● 債券市場を読み解く3つの形状

　「イールドカーブ（Yield Curve）」は、国債などの債券の利回りを、満期までの期間ごとにプロットして得られる曲線のことです。縦軸に利回り、横軸に満期までの期間をとります。この曲線は、債券市場や経済の動向を読み解く重要な指標となっています。

　その形状は3つのパターンに分けられます。

・順イールド……景気が安定しているときに見られる形状です。**通常、長期金利の利回りは短期金利よりも高くなる**傾向があります。金利は、リスクに対する対価（リスクプレミアム）や将来の期待インフレ率（この先予想されるインフレ率のこと）との関係で決まるため、長期になれば高くなることが一般的です。

・逆イールド……通常とは異なる特殊な状態で、**短期金利の利回りが長期金利のそれを上回ると、将来的な景気後退の兆候**とされます。地政学的リスクや突発的な経済危機などの急激な市場変動や、大きな政策の転換により短期金利が急騰することで生じます。たとえば、中央銀行が急激に政策金利を引き上げた場合や、金融危機が発生した場合に短期金利が急騰することがあります。

・フラット型……短期と長期の金利がほぼ横一線に並ぶ形です。市場が今後の金利変動を見極めようとしている状態で、**景気が停滞もしくは転換する可能性を示唆**しています。

　イールドカーブは金融政策や市場の将来予測を反映します。平時は順イールドですから、逆イールドになったときには、投資家や経済アナリストなどの専門家からとくに強い関心を集めます。

▶ イールドカーブの3つの形状を見てみよう

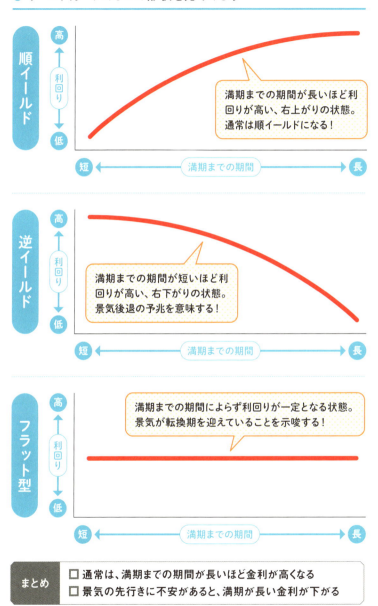

まとめ	□ 通常は、満期までの期間が長いほど金利が高くなる □ 景気の先行きに不安があると、満期が長い金利が下がる

Part 8 ニュースに出てくる「金利」にまつわる用語を理解しよう

062 THE BEGINNER'S GUIDE TO INTEREST RATES

「逆イールド」は なぜ景気後退のサイン?

◉ 先行きが不安になると、長期国債を欲しがる人が増える

142ページで触れたように、「逆イールド」は、債券市場において短期金利の利回りが長期金利を上回る状態を指します。通常は「順イールド」になっているため、逆イールドが発生すると異常な状況と捉えられ、景気後退のサインとされます。では、なぜ逆イールドが景気後退の兆候と考えられるのでしょうか。

たとえば、中央銀行がインフレ抑制のために政策金利を急激に引き上げると、短期金利が上昇します。一方で、投資家が将来の景気低迷を予想すると、リスクを避けて安全資産である長期国債を購入する動きが活発になります。**長期国債の購入が増えれば、価格が上がり、利回りが下がるため、短期金利を下回る「逆イールド」が発生する**のです。そのため、逆イールドは「景気の悪化」の予兆とみなされます。

たとえば、アメリカでは逆イールドが発生すると、1～2年以内に景気が後退するケースが何度も記録されています。これは、逆イールドが市場全体の将来予測を反映していることを示しています。ただし、逆イールドが発生すれば、必ず景気後退になるわけではない点には留意する必要があります。

債券市場は投資家の心理を色濃く反映します。しかし、市場参加者が何を考えているのかを正確に知ることはできません。金融市場が予測する将来の景気を示すイールドカーブを見れば、それが見えてきます。そのとき、**逆イールドが発生していれば、景気の先行きに対する不安があることを示唆しています。**

● 2年物、10年物米国債の利回りの差と景気後退の関係

❶ 景気後退期（1990年7月～1991年3月）

1980年代後半、インフレ懸念を抑制するためにFRBが政策金利を引き上げた結果、短期金利が急上昇し、逆イールドが発生。商業不動産バブルの崩壊、湾岸戦争による石油価格の急騰などの要因が企業のコストを増大させ、消費者が支出を抑制したことで景気が後退した。

❷ 景気後退期（2001年3月～11月）

2000年ごろにITバブル崩壊で株価が大幅下落。投資と消費が減少した。2001年9月11日の同時多発テロでさらに経済が減速するとFRBは政策金利を引き下げたが、景気への不透明感から安全資産として国債が買われ、長期金利はさらに低下。逆イールドの発生後、景気後退局面を迎えた。

❸ 景気後退期（2007年12月～2009年6月）

2007年に住宅市場が崩壊し、サブプライムローン問題が顕在化すると、金融機関が次々に破綻。2008年9月、リーマン・ブラザーズが破綻すると信用収縮が急速に進行。短期金利が低下する一歩で、長期金利がさらに低下して逆イールドが発生した。その後、深刻な景気後退が発生した。

> 逆イールドは、他の経済的ショックと重なることで景気後退の強い予兆になる！

まとめ	□ 短期金利が長期金利を上回る異常な状態が逆イールド □ 逆イールドは景気悪化を予測する市場のサイン

出典：Federal Reserve Economic Data（FRED）

「イールドカーブ・コントロール」って何だ?

● 2016 年に日銀が導入したYCC の具体的な内容とは?

「イールドカーブ・コントロール（YCC）」とは、**中央銀行が経済の安定やインフレ目標の達成をめざし、短期金利と長期金利が特定の範囲内に収まるよう操作する手法**のことで、「長短金利操作」とも呼ばれます。

2016 年 9 月に日銀は「短期金利を － 0.1 ％に抑える」「10 年物国債の利回りを 0 ％程度に維持する」という 2 つの目標を掲げてYCC を導入しました。具体的には以下のような運用をしました。

①**短期金利の設定**……日銀は政策金利をマイナスに設定して、短期金利を低水準に維持します。

②**長期金利操作**……10 年物国債の利回りが目標の 0 ％程度から離れないように必要に応じて、日銀が国債を大量に買い入れる公開市場操作（指し値オペ）によって、長期金利を低く抑えます。

これにより、住宅ローンや企業の設備投資に関連する金利を低く抑え、企業や個人が資金を借りやすくして消費や投資を促し、デフレからの脱却と 2％のインフレ目標の達成をめざしました。

YCC は、国債市場で日銀が国債を買い占めることで価格形成が歪むこと、そもそもの需要不足や消費低迷の解消なくして効果は限定的なことなどの課題も指摘されてきました。本来、長期金利は市場原理によって決まるもので、中央銀行が積極的に操作する対象ではありませんでした。しかし、長期金利を下げることが重要と捉えられて、操作の対象とした結果、イールドカーブが意図的にフラット化しました。

▶ YCC導入時のイールドカーブ・コントロールのイメージ図

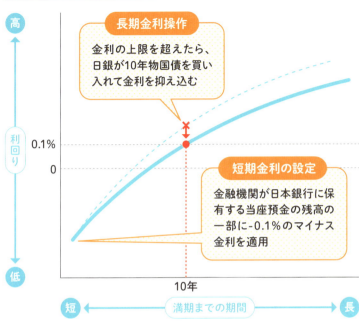

▶イールドカーブ・コントロールの変遷

2016年9月	YCCを導入、長期金利の上限を0.10%に設定
2018年7月	長期金利の上限を0.20%に拡大
2021年3月	長期金利の上限を0.25%に拡大
2022年12月	長期金利の上限を0.50%に拡大
2023年7月	長期金利の上限を1.00%に拡大
2023年10月	長期金利が1.00%を一定程度超えることを容認
2024年3月	YCCを撤廃

まとめ
- ☐ YCCは金利を操作して景気刺激を狙う政策
- ☐ 日銀のYCCは副作用を残して2024年3月に撤廃された

064 THE BEGINNER'S GUIDE TO
INTEREST RATES

「インフレターゲット」って何だ?

● 一般的にはインフレ抑制で用いられる金融政策

「インフレターゲット」とは、一般的に高い物価上昇率に悩む国の中央銀行が物価上昇を抑える目的で導入する政策です。金融政策や財政政策を活用しながら、「インフレが収まるまで利上げを継続する」と発信するなどの対応を行い、インフレ率を目標水準まで引き下げることをめざします。

1990年代以降、過去に高インフレに苦しんだ国々では、「物価の安定こそが持続的な経済成長に必要である」との考えが広まり、ニュージーランドやイギリスなどでインフレターゲットは採用されました。いずれの国も「高くなりすぎたインフレ率を2%前後で維持すること」を目的としていました。このように、本来インフレターゲットは高インフレを抑制するための政策であり、高熱を下げるための解熱剤のような役割を果たします。

これらの国々とは異なり、**日本はデフレからの脱却を目的として、2013年から「消費者物価の前年比上昇率2%」という物価安定目標を掲げました。**目標達成に向けて、日銀は大規模な金融緩和政策や景気刺激策を実施しました。しかし、物価が上昇しない低体温症のような状態の日本に解熱剤を飲ませたところで効果は限定的でした。金融政策だけではインフレを誘導できなかったのです。

2025年1月現在もインフレターゲットは継続されています。2023年以降、日本でも2%を超える物価上昇が続いていますが、企業の価格支配力の高まりや円安などの外部要因の影響が大きく、日銀の政策の効果とは言い難いと評価されています。

日本の物価上昇率の推移（2007年1月〜2024年12月）

まとめ	□ 日銀はインフレターゲットを長期間達成できなかった □ 日銀はインフレ率を思いどおりにコントロールはできない

出典：総務省

065 THE BEGINNER'S GUIDE TO INTEREST RATES

「金融正常化」へ道半ばの日本 何が正常ではないの？

● 経済危機がもたらした異例の金融緩和政策の功罪

近年、「金融正常化」という言葉を目にします。これは正常ではないことの裏返しです。では、何が正常ではないのでしょうか。

リーマンショック（2008年）や新型コロナのパンデミック（2020年）といった経済危機を受けて、世界各国の中央銀行が異例の金融緩和政策を導入しました。景気の落ち込みを避けるため、日本では「マイナス金利政策」や「量的・質的緩和政策（P.152）」が行われましたが、以前から金融緩和を続けてきた日本では、以下のような「正常ではない」状態が常態化しました。

・政策金利がマイナスないしゼロ近くでは、短期金利市場が機能しにくくなっていること
・イールドカーブ・コントロールで国債の利回りを抑制すること
・日銀が膨大な量の国債やETFを保有していること

長期的な低金利政策は円安を引き起こし、2022年のウクライナ戦争はエネルギー価格など輸入価格の高騰に拍車をかけました。結果として物価上昇率は目標の2%を超えましたが、賃金上昇が追いつかず、国民の生活は苦しくなっています。国債市場では日銀が大量の国債を保有し、市場の価格形成がゆがむ現象が起きています。

「金融正常化」は、これらの異例の政策を徐々に終わらせ、非伝統的金融政策で歪みが生じた市場や経済の状態を通常の水準に戻すことを意味します。 しかし、正常化を進めるタイミングを誤ると景気を冷やしすぎる、あるいはインフレを抑えきれないリスクがあるため、日銀は難しい舵取りを求められています。

● 完全な金融正常化とは?

完全な金融正常化は、以下のような状態を達成すること

2024年末時点で、どんな状況になっているのだろう?

①金利政策が通常の範囲内で運営される

○ マイナス金利政策を解除し、短期金利が正の範囲で運用される
→ 2024年3月にマイナス金利政策を解除

▲ 長期金利が自然な市場の需給に基づいて形成される
→ 2024年3月にYCCを撤廃したが、
　長期国債の買い入れは減額したものの継続

②量的緩和からの脱却

▲ 中央銀行が市場に供給する資金量を抑制し、
　大量に保有する国債やETFを段階的に縮小
→ 買い入れ予定額は減額しているが、出口戦略の先行きは不透明

③政策の柔軟性が回復する

▲ 通常の利上げ・利下げを通じて経済状況に応じた調整が可能となる
→ 2024年に入り、利上げが行われたが政策金利は0.25%と依然、低いまま

④経済指標が安定的に目標を達成している

○ 物価上昇率が2%程度で安定し、デフレリスクが完全に払拭されている
→ 物価上昇率は2%超が続いている

▲ 賃金上昇がともなう形での消費拡大が続いている
→ 賃金は上昇しているものの、家計の消費は低迷

Part 8 — ニュースに出てくる「金利」にまつわる用語を理解しよう

まとめ	□ 金融正常化は異例の緩和政策を通常水準に戻す試み □ 金融政策の正常化は景気とインフレの調整がカギ

「量的・質的金融緩和」って いったいどんなことをしたの?

● デフレ脱却と景気刺激をめざした日銀の挑戦的政策

「量的・質的金融緩和（QQE）」は、2013年4月に黒田東彦総裁の下で日本銀行がデフレ脱却と経済活性化をめざして行った大規模な金融政策で、国内外の注目を集めました。**QQEは、2%の物価目標を達成する「デフレ脱却」と市中の資金を増やして融資や投資を促進し、企業活動や個人消費を活発化させる「景気刺激」を目的に実施されました。**では、「量的金融緩和」と「質的金融緩和」とはどのようなものなのでしょうか。

・**量的金融緩和とは？**……中央銀行がマネタリーベースの残高を拡大させる政策です。具体的には公開市場操作で民間銀行から大量の国債などを買い切ることで、民間金融機関が日本銀行に保有する日銀当座預金の残高を増加させます。これにより、民間銀行は企業や個人への貸出（融資）を拡大させる可能性に余裕ができます。

・**質的金融緩和とは？**……従来どおり、短期金利の基礎である無担保コールレートを操作する政策で、量的緩和政策が採用されたからといって質的金融緩和を放棄したわけではありません。日銀が購入する資産の種類や期間を多様化させましたが、それらはマネタリーベースを急拡大させるための方策で、量的金融緩和の一環として考えることができます。

　QQEは、円安の進行や株価の上昇をもたらし、輸出企業を中心に経済への一定のプラス効果を与えました。しかし、目標としていた2%の物価上昇率には長期間到達せず、金融政策だけではデフレから完全に脱却できない現実が浮き彫りになりました。

●「量的緩和」と「質的緩和」とは？

量的・質的金融緩和（QQE）
Quantitative-Qualitative monetary Easing

量的緩和（QE）と質的緩和を組み合わせ、デフレ脱却と景気刺激をめざした大規模金融政策

目標
- **デフレ脱却**（2%の物価目標達成）
- **景気刺激**（融資・投資の促進）

消費拡大、企業活動の活発化を狙う

量的緩和（QE）
Quantitative Easing

市場に供給する資金量を増やし、融資や投資を促進する政策

主な手段
- 長期国債の購入
- ETFの購入

質的緩和
Qualitative Easing

伝統的な政策金利の操作で、コールレートをゼロまたはマイナスにすること

主な手段
- コールレートをゼロまたはマイナスにした

まとめ
- □ QQEはデフレ脱却と景気刺激を目的にした政策
- □ 一定の効果をもたらすも、物価目標達成には長年到達せず

067 THE BEGINNER'S GUIDE TO
INTEREST RATES

トルコやアルゼンチン……
超高金利国は、なぜ超高金利なの？

▶ 金利は高ければ、高いほどいいというものではない

　日本の政策金利は長く1％を超えていませんが、2024年12月現在、世界にはトルコ（47.5％）、アルゼンチン（32％）のような超高金利国もあります。これほどまでに高金利の国では急激なインフレ（＝通貨価値の下落）が起きています。2024年10月のトルコの物価上昇率は48.6％、アルゼンチンにいたっては193％でした。日本では2％前後の物価上昇率で物価高を感じますが、トルコでは去年に比べ、何もかもが1.5倍のお金を出さないと買えない状態なのです。

　このとき、中央銀行が金利を高く設定するのは、人々にお金を預けさせ、通貨価値を安定させる狙いがあるからです。また、海外の投資家に「高金利で利益が得られる」と思わせてお金を呼び込む意図もあります。また、アルゼンチンのように国債の返済が滞ったり、債務不履行（デフォルト）のリスクが高い国では、誰も低金利ではお金を貸そうと思わないので借り入れコスト（金利）が上昇し、経済全体で高金利が適用される傾向があります。

　日本でもトルコリラの外貨預金はできますが、あまりにも高い金利を提示する通貨は大きなリスクがあります。魅力的な金利以上に、その国の通貨が大きく値下がりすることで為替差損が大きくなる可能性があるからです。また名目金利が高くてもインフレ率が高いので実質金利はそれほど高くもありません。その背景には、通貨や経済への信頼不足が隠れています。**高金利はリスクの裏返し**なのです。

　もし高金利の外貨預金に魅力を感じたのなら、その国のインフレ率、政府の債務状況、為替レートの動向を調べることが大切です。

▶ トルコ、アルゼンチン、日米の政策金利の推移

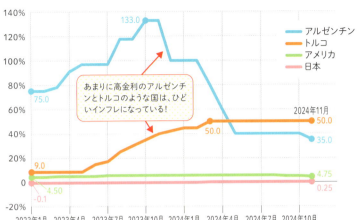

※米国の政策金利は上限数値

▶ アルゼンチンの物価上昇率（対前月比）と政策金利の推移

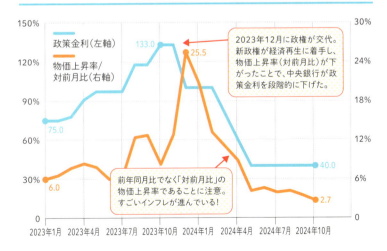

まとめ	☐ 超高金利国は通貨価値下落やインフレの制御不能状態
	☐ 市場や国民から通貨や経済に対する信頼が揺らいでいる

出典：各国中央銀行

Part 8 ニュースに出てくる「金利」にまつわる用語を理解しよう

日銀が2024年12月に発表した「多角的レビュー」とは？

● 日銀が検証した非伝統的金融政策の効果と課題

日銀は2024年12月、過去25年間の金融政策を振り返る「多角的レビュー」を発表しました。このレビューは、ゼロ金利政策、量的緩和、マイナス金利政策などの「非伝統的金融政策」が日本経済にどのような効果を与えたか、またどんな副作用を生んだのかを検証し、今後の政策運営の指針を得ることを目的としています。

このなかで量的緩和やマイナス金利政策は、企業や個人が低い金利で資金を調達しやすい環境をつくり、**デフレから脱却し、景気を刺激する一定の成果があったと評価**されています。たとえば、金利が低下したことで企業の設備投資が進み、失業率が改善するなどの効果が見られました。しかし、短期金利がゼロに近づくとそれ以上金利を引き下げることが難しくなる「ゼロ金利制約」が政策の効果を制限しました。この課題に対応するため非伝統的金融政策が導入されましたが、完全な解決には至りませんでした。

さらに、**副作用も確認されています。**長期間の低金利政策は銀行の収益を圧迫し、金融システム全体の安定性に影響を与えました。また、日銀が大量に国債を購入したことで、一部の資産価格が高騰し、市場の機能が歪むという問題も指摘されています。今後、日銀が保有する国債（約580兆円）をどのように市場に戻すかという出口戦略が政策運営の柔軟性を制約する懸念もあります。

日銀は、ゼロ金利制約に陥らない経済環境をつくるために金融政策だけでなく、少子高齢化やグローバル化といった経済構造の変化に対応した財政政策や構造改革との連携が不可欠だとしています。

●「多角的レビュー」の主なポイント

ポイント 1

非伝統的金融政策の効果とリスク

大規模かつ長期的な非伝統的金融政策（例:マイナス金利や量的緩和）は、期待された効果が確実ではない部分があり、経済や市場に副作用をもたらす可能性がある。

ポイント 2

短期金利操作との比較

非伝統的金融政策は、通常の金融政策である「短期金利操作」とは異なり、完全にそれを置き換えることはできない。短期金利操作には依然として重要な役割がある。

ポイント 3

追加緩和余地の制限

ゼロ金利政策では、新たな金融緩和策を実施するための余地が非常に限られる。これに対処するためには、慎重かつ計画的な政策運営が求められる。

ポイント 4

景気悪化時の対応

景気が悪化した場合、経済を支えるためには実質金利を引き下げることが求められる。また、物価が緩やかに上昇（プラスの状態）する状況を安定的に維持することが重要。

ポイント 5

大規模緩和のトータルな影響

全体としては日本経済にプラスの影響を与えたと評価。一方で、低金利の継続がゾンビ企業の延命につながり、産業の新陳代謝が遅れたなどの副作用もあったとの指摘も。

まとめ

☐ 日銀は非伝統的金融政策を一定の効果はあったと評価
☐ 非伝統的金融政策には副作用があり、今後の課題と認識

Index

数字・アルファベット

10 年物国債利回り ……… 53,57,106
72 の法則 ……………………………46

あ 行

アドオン方式 ………………………74
イールドカーブ ………………… 142
イールドカーブ・コントロール（YCC）
………………………………… 146
イングランド銀行（BOE）……… 118
インターバンク市場 …………… 104
インフレーション（インフレ）… 16,86
インフレターゲット……………… 148
売りオペレーション（売りオペ）
………………………………… 128
上乗せ金利（スプレッド）………… 56
延滞税 ………………………………76
欧州中央銀行（ECB）…………… 118

か 行

買いオペレーション（買いオペ）
………………………………… 128
貸金業者 ……………………………69
過少申告加算税………………………76
借入金利 ……………………………26
元金均等返済 ………………………62
元金自動継続 ………………………54
元本 …………………………………34
元利均等返済 ………………………62
元利自動継続 ………………………54
逆イールド ………………… 142,144
逆複利効果……………………………72
キャリートレード……………………92

銀行の銀行 ……………………… 114

銀行の銀行 ……………………… 114
金融緩和 ………………………… 124
金融政策決定会合 ……………… 120
金融正常化 ……………………… 150
金融調節 ………………………… 132
金融引締 ………………………… 124
金利 …………………………………24
クーポン ………………………… 108
グレーゾーン金利……………………68
月利 …………………………………32
公開市場操作 ……………… 122,128
公定歩合操作 …………………… 122
購買力平価 …………………………94
コール市場 ……………………… 104
国債 ……………………… 108,110
国債金利 ……………………………26
国庫短期証券 …………………… 108
固定金利型…………………… 58,64

さ 行

実質金利 ……………………………36
実質年率 ……………………………70
実質利回り …………………………30
質的緩和 ………………………… 124
質的金融緩和 …………………… 152
質的引締 ………………………… 124
重加算税 ……………………………76
住宅ローン金利 ……………………56
出資法 ………………………………68
順イールド ……………………… 142
将来価値……………………………48
新発 10 物国債 ……………… 106
スタグフレーション ………………86
政策金利 …………… 12,26,53,127
政策金利操作 …………………… 126

158

政府の銀行························ 114

た 行

多角的レビュー················ 156
短期金利······················ 100
短期プライムレート··············· 56
単利··························· 40
中央銀行······················ 114
中国人民銀行（PBOC）·········· 118
長期金利··············· 53,100,106
低金利政策····················· 18
ディスインフレーション
　（ディスインフレ）·············· 16
デフレーション（デフレ）········ 16,86
デフレスパイラル·················· 14
伝統的金融政策················· 134

な 行

日本銀行（日銀）················ 116
年利··························· 32

は 行

発券銀行······················ 114
非伝統的金融政策··············· 134
日歩（日利）···················· 32
表面利回り····················· 30
フェデラルファンド金利··········· 126
複利··························· 42
附帯税························· 76
物価上昇率（インフレ率）········· 36
不納付加算税··················· 76
フラット型（イールドカーブ）······ 142
変動金利型··················60,64

ま 行

マイナス金利政策··············· 140
マネタリーベース··············· 138
無申告加算税··················· 76
無担保コールレート·········· 102,126
名目金利····················· 36,70

や 行

預金金利····················· 26,52
預金準備率（操作）·········· 122,130
予定利率······················ 66

ら 行

利子························· 28,34
利息························· 28,34
利息制限法····················· 68
利付債························ 108
リボルビング払い（リボ払い）······· 72
利回り······················· 30,78
量的緩和······················ 124
量的緩和政策··················· 132
量的金融緩和··················· 152
量的引締······················ 124
利率··························· 30
連邦準備制度（FRS）············ 118
連邦準備制度理事会（FRB）····· 118

わ 行

割引現在価値···················· 48
割引債（ゼロクーポン債）·········· 108

■ 問い合わせについて

本書の内容に関するご質問は、下記の宛先までFAXまたは書面にてお送りください。下のQRコードからもお問い合わせいただけます。なお電話によるご質問、および本書に記載されている内容以外の事柄に関するご質問にはお答えできかねます。あらかじめご了承ください。

〒162-0846
東京都新宿区市谷左内町21-13
株式会社技術評論社　書籍編集部
「60分でわかる！　金利 超入門」質問係
FAX：03-3513-6181

※ご質問の際に記載いただいた個人情報は、ご質問の返答以外の目的には使用いたしません。
　また、ご質問の返答後は速やかに破棄させていただきます。

60分でわかる！
金利 超入門

2025年3月7日　初版　第1刷発行

著者	バウンド
監修	近廣昌志
発行者	片岡　巌
発行所	株式会社 技術評論社
	東京都新宿区市谷左内町 21-13
電話	03-3513-6150　販売促進部
	03-3513-6185　書籍編集部
編集	有限会社バウンド
担当	橘　浩之
装丁	菊池　祐（株式会社ライラック）
本文デザイン・DTP	山本真琴（design.m）
製本／印刷	株式会社シナノ

定価はカバーに表示してあります。
本書の一部または全部を著作権法の定める範囲を超え、
無断で複写、複製、転載、テープ化、ファイルに落とすことを禁じます。

©2025 有限会社バウンド、近廣昌志

造本には細心の注意を払っておりますが、万一、乱丁（ページの乱れ）や落丁（ページの抜け）が
ございましたら、小社販売促進部までお送りください。送料小社負担にてお取り替えいたします。

ISBN978-4-297-14712-9 C0033
Printed in Japan